Johann Mayr

Markwald von Anweiler Reichstruchsess und kaiserlicher

Lehensherr in Italien

Johann Mayr

Markwald von Anweiler Reichstruchsess und kaiserlicher Lehensherr in Italien

ISBN/EAN: 9783743445574

Hergestellt in Europa, USA, Kanada, Australien, Japan

Cover: Foto ©ninafisch / pixelio.de

Manufactured and distributed by brebook publishing software
(www.brebook.com)

Johann Mayr

Markwald von Anweiler Reichstruchsess und kaiserlicher

Lehensherr in Italien

MARKWALD VON ANWEILER

REICHSTRUCHSESS

UND

KAISERLICHER LEHENSHERR IN ITALIEN.

VON

JOHANN MAYR.

INNSBRUCK.

VERLAG DER WAGNER'SCHEN UNIVERSITÄTS-BUCHHANDLUNG.

1876.

AMBROS

1*

Einer der treueſten Begleiter und vertrauteſten Freunde
Kaiſer Heinrichs VI. war neben Heinrich von Kalendin, Conrad
von Querfurt und Gottfried von Viterbo ſchon ſeit den Lebzeiten
Friedrichs I. her deſſen Miniſteriale Markwald von Anweiler.

Er entſtammte wahrſcheinlich einem elſaſſiſchen Ritter-
geſchlechte.[1])

In einem lieblichen Landſtriche an der Bergſtraſze zwiſchen
Darmſtadt und Ingelheim, gehörten mehrere Güter zum Beſitz-
tume ſeines Vaters, der auch das Münzrecht über das unfern der
Reichsfeſte Trifels gelegene Städtchen Anweiler an der Queich
beſaſz, über welchem in deſſen Nähe ſein Stammſchloſz ſtand.[2])

Johannes Müller und andere ſchweizeriſche Geſchichts-
ſchreiber leiten ſeine Abſtammung auf ein turgauiſches Geſchlecht
von Andwyl, Anwyl, Eindwyl, deſſen Stammſitz im Appenzeller
Kriege 1105 zerſtört worden war, zurück, doch entbehrt deren
Annahme weiterer Begründung.[3])

Markwald beſaſz die Truchſeſſenwürde für die von fränki-
ſchen Kaiſern vererbten Beſitzungen der Staufen und ſtand zugleich mit ſeinen Gütern in Dienſtespflicht zu dieſem Hauſe.[4])

---

[1]) Vgl. Hurter's Innocenz III. B. I., 127.

[2]) Markwalds Bruder Conrad begegnet uns ſchon im Juli 1187 bei
Friedrich I., dann März 25, 1190 und Mai 9, 1194 bei K. Heinrich VI.;
auszerdem Heinrich von Anweiler, September 24, 1192, vermuthlich ein Ver-
wandter Markwalds, und des Truchſeſſen Sohn Dietrich 1208. Töche: Heinrich VI. 507, 3. Stumpf, Reg. nr. 4650, 4859. Hurter I. 127.

[3]) Siehe Hurter an den früher bezeichneten Stellen.

[4]) Seit dem Jahre 1184 erſcheint er urkundlich öfters als königlicher Sene-
ſchall: feneſcalcus regis; wenn ſodann 1187 und 88 ſein Geſchlechtsname in den
Urkunden verſchwindet, ſo iſt doch die Identität mit dem ſpäter ſehr häufig von
Anweiler benannten Markwald nicht zu bezweifeln. Abel, K. Philipp 76, 330.
Ficker, Reichshofbeamte, 26, 27.

In diefem unternehmenden, verfchlagenen Ritter, „dem Neptun fich fügfam erweift, dem Mars fich ergeben", hatte Kaifer Heinrich den rechten Mann für feine grofzen Pläne gefunden.[1]

Um fich die Gunft feines Herrn zu wahren, welcher fich vielleicht fchon fein Vater erfreut hatte, war dem fchlauen und thatendurftenden Mann kein Opfer zu koftbar; um feinem gränzenlofen Ehrgeiz und dem Streben nach Macht zu genügen, war er in den Mitteln wenig wählerifch, wenn fie nur zum erwünfchten Ziele führten.

Auf wahrhaft königliche Weife wurden aber auch Markwalds Dienfte, feine Anhänglichkeit an die deutfche Sache, feine Kühnheit zur See und feine Tapferkeit zu Lande von den Hohenftaufen belohnt.

Die ruhmreichen Kriegsthaten Markwald's auf den Zügen Friedrichs I. und bei der Eroberung des Normannifchen Reiches und der beharrliche Kampf, den er nach Kaifer Heinrichs Tode für die deutfche Herrfchaft gegen Papft Innocenz III. führte, laffen den gewaltigen Geift erkennen, der in diefem Manne lebte. Sogar König Philipp II. Auguft hatte fich bei Gelegenheit der Gefangennahme König Richard's von England um deffen Gunft beworben, „den fein Herr, wie Innocenz meint, vom Staube erweckt und aus dem Kothe aufgerichtet hatte."[2]

Grofz jedoch war gegen ihn auch der Hafz jener Bewohner, unter welchen er mit eiferner Strenge gewaltet, und zu all' den Greueln, welche unter Kaifer Heinrich VI. in Sicilien geübt wurden, hatte Markwald wohl nicht den geringften Anlafz gegeben, indem er auf das erregbare Gemüth des Kaifers in bedeutfamer Weife einzuwirken verftand.[3]

Schon unter Kaifer Friedrich I., den er auf feinem Kreuzzuge begleitete, wurde er von diefem zugleich mit Berthold von

---

[1] Vir ingeniofus et fubdolus. Antonini hift. III. 31. Aftutus et audax; Epift. VII. 228. Hic Marcualdus, cui fe effe Neptunus ad omne velle dedit, cui Mars fe dedit effe parens. Petr. v. Ebulo 1519, 20.

[2] Oblitus beneficiorum patris, qui eum erexit de pulvere et de ftercore fufcitavit. Ep. II, 221, 226. Abel, K. Philipp 76, Hurter, Innoc. III. I, 127.

[3] Damnatae memoriae Marcualdus; Ann. Caff., in Murat. V. Alius Saladinus nennt ihn Innocenz Ep. II. 221. Ep. II, 226 bezichtigt ihn Innocenz ganz befonderer Theilnahme an den Bluthaten des Kaifers.

Künsberg von Konſtantinopel aus mit einer Geſandtſchaft an den byzantiniſchen Hof betraut und erwarb ſich bei der Heer-fahrt gegen Accon und nach ſeiner Rückkehr aus dem Morgen-lande durch ſeinen Einfluſz auf den jungen König, dem er früher als Erzieher beigegeben war, deſſen beſondere Gunſt, die er von da ab fortwährend in ausgezeichneter Weiſe beſaſz. In welch' nahen Beziehungen er zu Heinrich geſtanden hatte, erhellt aus zahlrei-chen Urkunden, in denen er bei den wichtigſten Regierungsge-ſchäften als Zeuge erſcheint.

Im Frühjahre 1192 wuſzte er in einer Streitſache zwiſchen dem Erzbiſchofe Johann von Trier und der Reichsabtei Echter-nach den Kaiſer vom Erzbiſchofe zu Gunſten der Abtei abzu-ziehen, worauf dieſer ſeinen Anſprüchen auf das genannte Kloſter entſagen muſzte. Ebenſo eifrig betheiligte er ſich an der Frie-densſtiftung zwiſchen dem Abte von Pegau und dem Biſchofe von Merſeburg.[1]

Ehe Markwald noch in Deutſchland ſeine Wirkſamkeit entfaltete, wurde er mehrfach in italieniſchen Angelegenheiten verwendet, wobei er meiſtens die Stellung eines Legaten, doch ohne gänzlich die Vollmachten eines ſolchen zu beſitzen, be-kleidete.

Als kaiſerliche Geſandte wurden übrigens vorzugsweiſe die Reichskanzler und ſolche geiſtliche Fürſten, welche aus der Reichskanzlei zu ihren Würden gelangt waren, verwendet. Ihr Amt ſcheint im Allgemeinen gerade nicht zu den angeſehenſten gezählt zu haben. Die Unfreiheit Markwald's als Miniſteriale bot wohl keinen Anſtand, ihm dieſes Reichsamt zu übertragen, denn ſeine Freilaſſung fällt durchaus nicht mit der Annahme der Würde eines Generallegaten zuſammen, ſondern wurde erſt ſpäter, als der Kaiſer ihn zum Markgrafen von Ancona erhob, ausge-ſprochen.[2]

Schon im Jahre 1191 reiſte er als Geſandter nach Piſa und zwei Jahre ſpäter finden wir ihn, zugleich mit Trushard von Keſtenburg, zu Piacenza beim Kaiſer, von wo aus er nach Genua abgeſandt wurde, um den erbitterten Kämpfen feindlicher Adels-

---

[1] Töche: Heinr. VI. 230, 306. Stumpf Reg. n. 4754, 4765.
[2] Ficker, Sitzungsberichte 40, 75.

gefchlechter, welche während der Jahre 1193 und 94 in den
Strafzen diefer Stadt getobt hatten, Einhalt zu thun und die Bewohner zur Hilfeleiftung für den bevorftehenden Feldzug nach
Unteritalien zu bewegen. Auf den Zufpruch des Legaten wurden
die gewählten Confuln zur Niederlegung ihres Amtes bewogen
uud dadurch ihre Gegner befänftigt. Erft nachdem fich alle Parteien zur Wahl eines Podeftà in der Perfon Oberts von Olevano
geeinigt hatten, fanden die Mahnungen Markwald's Gehör und
die ganze Bürgerfchaft widmete fich der Ausrüftung einer ftatt-
lichen Flotte. [1]

Unter dem Oberbefehle des Reichstruchfeffen, der fich in
Pifa an Bord begeben hatte, und des fchwäbifchen Ritters Arnold
von Hornberg, denen der Podeftà Olevano und der Markgraf
Bonifaz von Montferrat unterftanden, fegelte die durch die ver-
einigten genuefifchen und pifanifchen Schiffe zu gewaltiger Streitmacht angewachfene Flotte längs der Küfte hinab.[2]

Während das Heer mit dem Kaifer in rafchem Siegeszuge
durch Italien nach dem Süden eilte, nahm Markwald die Küften-
plätze in Befitz: Gaeta's Bürger ergaben fich fogleich, als der
Truchfefz zum Sturm rüftete; in Neapel und auf den umliegen-
den Infeln Ifchia, Procida, Capri und Lunga huldigten Komman-
dant und Bürger; ebenfo Meffina, auf welches ohne Aufenthalt
vorgerückt wurde.

Bald nach der Ankunft der Flotte auf Sicilien, anfangs September 1194, gerrethen die Pifaner und Genuefen in argen Streit
wegen der Infel Sardinien, wobei die erfteren die Oberhand gewannen. Erft nach einigen Tagen gelang es Markwald, die er-

[1] Ficker: Forfchungen zur Reichs- und Rechtsgefchichte Italiens II, 148.
Töche. K. II. VI. 329.

[2] Wäre die Ausfage des den Deutfchen feindfeligen Genuefen Otobo-
nus richtig, fo würden unter Markwald nur 12 Galeeren ausgelaufen fein; da
aber derfelbe Chronift unmittelbar darauf erzählt, dafz die Genuefen 13 pifa-
nifche Schiffe erobert hätten, fo ift jene Angabe natürlich falfch oder der
Schreiber hat fich unabfichtlich in den Zahlen geirrt. Nach Peter v. Ebulo's
dichterifcher Uebertreibung (II init) müfzte man 4000 Schiffe annehmen. Doch
fagt auch Radulfus de Diceto 677: navigium, quod excreverat in immenfum.
— Carmen in ann. Ceccan.: cum centum navibus aut plus. Ann. S. Rudberti
Salisb. 788: fortiffimo apparatu. Chron. Foffae nov. ap. Murat. VII, 878,
Tronai, mem. ift. di Pifa 158 bei Töche.

bitterten Feinde zu trennen. Die von ihren Gegnern zu wieder-
holten Malen empfindlich gekränkten Genuefen fuchten endlich
bei ihrem Befehlshaber Hilfe; diefer aber wies ihre Klagen mit
dem fchlechten Trofte zurück, fie follten aus Liebe zum Kaifer
Alles erdulden, damit fein Dienft nicht darunter leide. Allmählig
jedoch ward Markwald felhft genöthigt, dem übermüthigen Trei-
ben der Pifaner entgegenzutreten. Da erhob fich das Gerücht,
die Pifaner feien durch bedeutende Zufagen für die Königin-
Wittwe Sibylla gewonnen worden und gefonnen, während der
Beftattungsfeierlichkeit des Podeftà Olevano, der aus Gram über
die Schmach feiner Vaterftadt geftorben war, einen Aufftand zu
erregen und fich der Stadt zu bemächtigen. Markwald verftärkte
die Wachen und gab der Leiche nur innerhalb der Mauern das
Ehrengeleite.

Kaifer Heinrich war indeffen langfamer nach Sicilien vorgerückt, als es der Flotte zu Meffina lieb fein konnte. Wiederholt fchon hatte Markwald ihm von der in Sicilien den Deutfchen
feindfeligen Stimmung und vom Streite der beiden Seeftädte
Nachricht gegeben und ihn gebeten, baldmöglichft nachzukommen, da die Infel feinen Herrn erwarte und die Schiffsmannfchaft
nach Haufe verlange; und der Kaifer hatte auch an die pifanifchen Confuln gefchrieben, fie möchten unter fich Friede halten
und den Befehlen des Truchfeffen gehorfam fein; aber erft faft
zwei Monate nach der Ankunft der Flotte, zu Ende October, landete der Kaifer auf Sicilien.[1]

Nachdem Heinrich zu Palermo die Königskrone empfangen
und auf die Verhältniffe der Infel nach Kräften Einflufz genommen hatte, entliefz er den gröfzten Theil feines Heeres, damit
dasfelbe dem Lande nicht unnöthigerweife zur Laft falle und
gieng im Geleite Markwald's nach Calabrien und hierauf, 1195
im Mai, in die Lombardei zurück.

Um diefe Zeit wurde Markwald zum Lohne für treue Dienft-
leiftungen, insbefondere in den ital. Angelegenheiten, vom Kaifer
zum Herzog von Ravenna, welches zugleich mit Tuscien Conrad
von Lützelhard inne hatte, und zum Markgrafen von Ancona,
wo feit kurzer Zeit Gotebald herrfchte, als erblicher Lehensherr

---

[1]) Petrus v. Ebulo II, 61, 241, Töche, Heinrich VI: 333, 334, 336, 338.

ernannt. Conrad erhielt zum Erſatze für ſeine früheren Lehen die Graffchaft Moliſe und Gotebald mufzte ſich in die beſcheidenere Stellung eines Grafen von Cagli und Sinigaglia fügen.[1] Die Zeit ſeiner Erhebung wird in den Urkunden in folgender Weiſe näher beſtimmt: März 1195 heiſzt er nur Seneſchall, April 10 zuerſt Marchio Anconae; ſeine Ernennung wird zur Zeit, als die Unterwerfung Siciliens überhaupt bedeutende Aenderungen in der Beſetzung der Reichsämter veranlaſzte, alſo nach dem Reichstage von Bari in der erſten Hälfte des April, demnach gleichzeitig mit der des Herzogs Philipp von Tuscien erfolgt ſein.[2]

Dafz ihm auch Ravenna und die Romagna unterſtanden, finden wir durch den Titel und mehrfache Zeugniſſe beſtätigt. Es mufz ihm aber auch noch weiter ſüdwärts die ſicilifche Graffchaft der Abruzzen untergeben geweſen ſein und nach dem Tode Conrads von Lützelhard erhielt er vom Kaiſer 1197 auch noch die Graffchaft Moliſe.[3]

So alſo war der gröfzte Theil der adriatiſchen Küſtenländer in zuſammenhängender Maſſe in ſeiner Hand vereinigt. Möglicherweiſe wurde Ascoli, das früher nicht zur Mark gehörte, dadurch erſt beſtimmter mit dieſer vereinigt; übrigens blieb ihr Beſtand durch die Verbindung mit andern Gebieten unberührt.

Die Ausdehnung der Beſitzthümer Markwalds in der Mark werden uns in einer Urkunde Kaiſer Otto's 1210 genauer be-

---

[1] Eo tempore imperator Marquardum de Anniwilir dapiferum et miniſterialem ſuum libertate donavit et ducatum Ravennae cum Romania, marchiam quoque Anconae ſibi conceſſit. Chron. Urſperg. bei Ficker, Forſchungen II, ₰ 309. Vgl. Ficker Reichshofbeamte, 27. Töche K. H. 424.

[2] In einer Urkunde bei Leo: Gefch. v. Italien II. 157: quod Ravennates debent jurare fidelitatem D. Marqualdo, ſicut alii homines de Romania fecerunt, qui ei iuraverunt. Markwald's Beſitznahme von Ravenna, Ancona und eines Drittels von Cervia gegen das Jahr 1195 beſtätigt auch Muratori, Ann. d'Ital. tom. VII, p. I, pag. 116, 117 ad ann. 1195, der in den Geſt. Innoc. c. 22 erwähnt wird: Nè ſè dee tacere, che l'imperadore Arrigo, in queſto anno dichiarò duca di Ravenna e marcheſe d'Ancona Marquardo. E conſiderabile lo ſtrumento di concordia ſeguita fra lui e il popolo di Ravenna. Philipp wird in Urk. Apr. 4 noch einfach als Bruder des Kaiſers bezeichnet, Apr. 13 nur Comes Tusciae, feit Apr. 13 aber durchweg Dux Tusciae.

[3] Ficker Forfchungen II, ₰ 241, 315.

zeichnet. Otto verleiht hier feinem Vetter Azzo von Efte die ganze Mark Ancona, wie fie zu den Zeiten K. Heinrichs Markwald befafz, nemlich die Graffchaften und Bisthümer Ascoli, Fermo, Camerino, Humana, Ancona, Ofimo, Jefi, Sinigaglia, Fani Pefara, Foffombrone und Cagli, Safzferrato und Roccha Apeninii mit allen dem Reiche zuftchenden Einkünften und Rechtfamen.[1]) Der Titel Dux Ravennae mag wohl hauptfächlich nur eine Gewalt über das unmittelbare Gebiet diefer Stadt bezeichnen, da er fich auch in fpäteren Zeiten nicht auf den Namen der Romagna, ftets aber auf den der Stadt Ravenna bezieht Das Verhältnifz der Stadt zur Umgebung genauer feftzuftcllen ift bei der Dürftigkeit der vorhandenen Urkunden fchwierig. Ift unter Markwald der Titel eines Herzogs von Ravenna noch der vorherrfchende, fo weicht diefer fpäter dem neu aufgekommenen des Grafen von Ravenna. Wahrfcheinlich dürfte die Annahme fein, dafz diefe beiden Herrfchaften als zwei getrennte Amtsfprengel verwaltet wurden, bis Markwald als Dux Ravennae et Romaniolae fie vereinigte. Damit ftimmt der Inhalt eines Vertrages zu Rimini, welchen der Reichstruchfefz 1195 mit Ravenna abfchlofz,[2]) wornach diefes ihm Treue fchwört, wie die andern Städte der Romagna es gcthan. Wenn nach diefem Vertrage insbefondere zu Cervia ein Drittel der Einkünfte dem Herzog, ein zweites dem Erzbifchofe, ein drittes der Stadt Ravenna zuftand, wenn, obgleich diefer Stadt und auch andern Städten der Romagna die Selbftverwaltung ihrer Angelegenheiten überlaffen blieb, doch nicht blofz dem Kaifer, fondern auch dem Herzoge der Treufchwur geleiftet werden mufzte, fo folgt daraus, dafz Markwald nicht nur als Verwalter der unmittelbaren Reichsbefitzungen in der Romagna, fondern als ein dem ganzen Lande vorgefetzter Reichsbeamter angefehen wurde.

Die Mark Ancona fcheint ihre fpätere Geftaltung erft im 12. Jahrhundert erhalten zu haben. Sie begriff das frühere Herzogthum Spoleto und die Mark Camerino und Fermo in fich. Der Titel einer Markgraffchaft mag fich wohl von dem Umftande herfchreiben, dafz die früheren Beherrfcher diefer Gebiete vor-

---

[1]) Ficker, Forfchungen II, § 309.
[2]) Vergleiche die Reg. Markwalds: 1195 Juni 15.

zugsweife die Marken derfelben verwalteten, während doch wieder der Titel eines Markgrafen von Camerino den Umfang ihrer vollen Gewalt nicht genügend bezeichnete.

Die Stellung, welche Markwald in Folge fo namhafter Verleihungen des Kaifers in Italien nun Deutfchland gegenüber einnahm, erleidet bezüglich feiner früheren keine wefentliche Aenderung. Während zumal in Deutfchland die Titel des Markgrafen und Herzogs häufig ganz bei Seite gelaffen werden, wird feine Stellung als Truchfefz ftets in erfter Reihe bezeichnet. In deutfchen Urkunden erfcheint Markwald nur felten den Grafen an Rang ebenbürtig, behauptet aber manchmal eine Stellung vor den freien Herren; am häufigften jedoch kommt er nach diefen, aber ftets, mit Ausnahme eines einzigen Falles, vor den Dienftmannen zu ftehen.[1]

Diefe ausgedehnte kaiferliche Herrfchaft in Mittelitalien, die Heinrich VI. durch die Belehnung feines Bruders Philipp und Markwalds begründet, war fur den Papft um fo drückender, als deffen weltliche Macht vorzüglich in feinem Landbefitze beruhte und ihm die deutfchen Reichsbeamten durch Bündniffe mit den lombardifchen Städten die fonft wirkfamften Hilfsquellen abfchnitten. In diefer fühlbarften Bedrängnifz der Kirche mag die erfte Trübung des friedlichen Verhältniffes zwifchen Papft und Kaifer begründet fein und der Umftand feine Erklärung finden, weshalb der Kaifer fchon im Herbfte 1195 Conrad v. Querfurt, Herzog Philipp und Markwald, nachdem er fie vorher zur Mäfzigung und Achtung gegen die Kirche ermahnt hatte, zu fich nach Deutfchland berief.[2] Der Hauptgrund aber ihrer Reife zum Kaifer wird vielmehr deffen Wunfch gewefen fein, feine Getreuen in jenen ruhmreichen Tagen während der Berathung über den Kreuzzug und den Verhandlungen über eine Verfaffungsreform neben fich zu haben und mit ihnen in den italienifchen Angelegenheiten nähere Befprechung zu pflegen.

Conrads Schilderung über die Sachlage im Königreich Sicilien mag vermuthlich nicht günftig gelautet haben, weil der Kaifer fich alsbald zu ftrengeren Mafznahmen entfchlofz.

---

[1] Vergl. Ficker, Forfchungen II, 309, 317, 327.

[2] Am 20 Okt. finden wir Markwald an des Kaifers Seite zu Mainz. Stumpf, Reg. n. 4966.

Heinrich ftellte feine Ankunft auf der Infel für die nächfte
Zeit in Ausficht und gab einftweilen feinem Grofzkanzler Conrad
Befehl, ohne Verzug ins Königreich zurückzukehren und als kai-
ferlicher Legat von Italien und dem Königreiche Sicilien die
Leitung des Reiches zu übernehmen.

Als der Kaifer, nach möglichfter Ordnung der Verhältniffe
in Deutfchland, den Elfafz und Burgund befucht hatte, wo fortwährend Kämpfe feines Bruders Otto gegen den Adel feine
Anwefenheit nöthig machten, wandte er fich unverzüglich Italien
zu, um dafelbft die Vorbereitungen für die Ueberfahrt des Kreuzheeres zu leiten.

Markwald, der dem Zuge mit dem Gepäcke vorausgezogen
war, finden wir beim Eintritte des Kaifers in Oberitalien zu
Ende Juli 1196 in Turin wieder und etwas über einen Monat
fpäter zu Piacenza an Heinrichs Seite.[1]

Um diefe Zeit mag es gewefen fein, dafz Markwald von
König Philipp Auguft — wohl wegen feiner treuen Mitwirkung
bei der Friedensftiftung mit England — mit der Villa Leuzemo-
nafterium in Frankreich, die der König vom Klofter S. Denis
zum Gefchenke erhalten hatte, belehnt wurde. Es ift dies eines
der frühesten Beifpiele der Belehnung eines Reichsmannes mit
fremdherrlichen Lehen.[2]

War Markwald durch die Eroberung Siciliens fchon zum
reichen Manne geworden,[3] fo wuchs feine Wohlhabenheit durch
folche Verleihungen zu bedeutfamer Höhe. Der kühne und kluge
Mann, der mit unerfchütterlicher Treue an feinem Herrn hieng,
waltete nun mit fchonungslofer Härte in den ihm unterworfenen
Gebieten.[4]

Die Verhandlungen zwifchen dem Papft Cöleftin III. und dem
Kaifer in den italienifchen und ficilifchen Angelegenheiten wurden, als Heinrich die Infel betreten hatte, immer regfamer betrieben. Unnachgiebig, wie im Königreiche felbft, aber bewies

---

[1] Töche K. Heinrich VI: 427, 448. Stumpf, Reg. n. 5021, 5030.

[2] Ficker, Heerfchild 72. Scheffer-Boychorft, Deutfchland u. Phil. II.
Aug. in den Forfchungen zu d. Gefch. B. VIII. S. 500 Anm.

[3] Gefta c. 9.

[4] Vergl. das päpftl. Schreiben betreffs diefes vom Sept. 4, 1196.

fich der Kaifer gegen die Curie. Die Friedensbedingungen des Papftes erklärte er für unannehmbar und brachte fie gar nicht zur Verhandlung. Die Anträge Heinrichs bezüglich des mathildifchen Erbes laffen vermuthen, dafz, da die Aufprüche der Kirche auf jene Gebiete und einzelne Theile von Tuscien von Friedrich I. nie beftritten worden find, diefelben über diefe Objekte noch hinausgegangen fein müffen. Ebenfo wahrfcheinlich erfcheint die Annahme, dafz der Papft fchon zu diefer Zeit Ancona und Spoleto verlangt habe.[1]

Nun wurde vom Kaifer eine zahlreiche Gefandtfchaft nach Rom gefchickt: der Bifchof v. Vercelli, der Pronotar Albert, der Herzog von Spoleto, fein Senefchall Markwald und fein Schenke Heinrich von Lautern mit der Vollmacht, an feiner Statt den Frieden endgiltig abzufchliefzen.

Diefes Projekt fcheiterte aber an der Unnachgiebigkeit des Papftes; Cöleftin verband fich vielmehr in der äufzerften Noth mit den Normannen und Lombarden. Die Stellung der Deutfchen auf Sicilien verfchlimmerte fich unterdeffen in gefahrdrohender Art. Herrfchte auch äufzerlich Ruhe, fo war doch die Stimmung der Bewohner eine fehr erbitterte.

Die Barone, welche das Joch ihrer früheren Könige nur ungern ertrugen, hafzten die Herrfchaft der Fremden, die fie zu Knechten gemacht und mit fchonungslofer Willkür im Lande hauften, aufs tieffte. Endlich im Februar 1197 erhob fich Adel und Volk gegen die deutfche Gewaltherrfchaft. Ihr Plan gieng dahin, alle Deutfchen zu vertilgen und — den Kaifer zu ermorden.[2] Erfchreckt flüchtete Heinrich in die Mauern von Meffina, wo fein Truchfefz verweilte.[3]

Mit verfchwenderifchem Solde wurden Streitkräfte angeworben, denn die Schaar der den Kaifer umgebenden Minifte-

---

[1] Ficker, Teftament Heinr. VI S. 8 ff. Eduard Winkelmann, König Philipp und Otto I, 6.

[2] Innoc. regiftr. 29. 56. ep. II, 221, V. 37, gefta c. 24, 34. Rich. d. S. Germ. 1197, 1199. Töche, Heinr. VI. 447, 448, Unterfuchungen, Beilage IX, 5, nr. 2.

[3] Markwald ift wahrfcheinlich bis etwa gegen Ende Januar in Rom geblieben und hierauf, faft zur nemlichen Zeit, wie Heinrich in Sicilien angelangt. Vgl. Töche Heinr. VI, Unterfuchungen, Beilage IX, 5.

rialen war dem Feinde bei weitem nicht gewachfen. Die bevor-
ftehende Ankunft des Kreuzheeres auf der Infel, faft die einzige
Hoffnung der Deutfchen, wurde durch den Hafz und Argwohn
der Einwohner verzögert. Die einzige Zuverficht des Kaifers
beruhte in jenen bedrängnifzvollen Tagen auf feinem erprobten
Feldherrn und tapferen Senefchall Markwald und feinem Marfchall Heinrich von Kalendin.

Ohne die klugberechnende Taktik diefer beiden Anführer
wäre· wohl Heinrichs Sache auf Sicilien verloren gewefen. Schon
war der Burgherr von Caftro San Giovanni zum künftigen Na-
tionalkönig auserfehen, fchon zogen die feindlichen Haufen bei
Catanea gegen die Deutfchen heran: da warf fich die kleine
Schaar der Kaiferlichen auf das überlegene Heer der Aufftändigen und drang fiegreich mit dem fliehenden Feinde in die Stadt.
Der Bifchof und viele Barone fielen in ihre Hände. Erft die Flam-
men fetzten dem Kampfe in den Strafzen ein Ziel. So plötzlich
der Aufftand emporgeflammt war, fo fchnell ift er wieder erlo-
fchen. Nur einzelne Burgen haben noch bis zum Sommer wider-
ftanden. Auch die Hauptftadt ergab fich den heranrückenden
Siegern. Am längften trotzte das Haupt der Empörung noch auf
feiner feften Burg S. Giovanni.

Nun wurde das Land noch ärger geknechtet, als ehedem.
Die Strafen, welche die deutfchen Sieger jetzt über Sicilien ver-
hängten, waren fo graufam, dafz wohl kaum eine Zeit Aergeres
in diefer Art aufzuweifen hat.

Aber „fo glückte es dem Kaifer, feine Widerfacher in die
Gewalt zu bekommen und gerechte Rache an ihnen zu nehmen",
fchreibt der Abt Arnold von Lübeck.[1]

Doch wenn Heinrich geglaubt hatte, den einheimifchen
Adel unterdrückt und im Reiche für immer Friede gefchaffen zu
haben, um ungeftört feinen weiten Plänen nachgehen zu können,
fo hatte die Vorfehung es anders beftimmt: Am 28. September
raffte zu Meffina den Kaifer den Tod von hinnen.

Auf feinem Sterbebette noch hatte Heinrich feinen unmün-
digen Sohn der Pflege feiner Gemahlin empfohlen und nächft

[1] Otto S. Blas. 39, 40, Arnold Lubec. V. 2. Vergl. Töche, Heinr, VI:
453, 454, Winkelmann Köuig Philipp I. 9.

diefer feinem Bruder Philipp, in deffen erprobte Treue er grofzes Vertrauen fetzte; zum Reichsverwefer Siciliens und zum Voll- ftrecker feines Teftamentes aber hatte er Markwald beftimmt.[1]) Das eigene Intereffe Markwald's an diefer Sache und das genaue Einvernehmen deffelben mit dem Kaifer liefzen ihn ge- wifz als den tauglichften Mann für eine folche Aufgabe er- fcheinen.[2])

Vom Teftamente Heinrichs VI., das für eine wahre Würdi- gung diefes Herrfchers von hoher Wichtigkeit ift, kam leider nur ein Theil auf uns. Nachdem die Echtheit des vorhandenen Bruchftückes wiederholt in fcharffinniger Weife angezweifelt wurde,[3]) beweift Eduard Winkelmann entgegen den früheren, dafz kein mafzgebender Grund für eine Fälfchung vorhanden fei.[4])

Aus diefer letzten Verfügung des Kaifers erfieht man, dafz er am Ende feines Lebens zur Einficht gelangt ift, eine Milde- rung feines Syftems wäre nach feinem Tode in gewiffer Hinficht unumgänglich nothwendig, follte die Nachfolge feines Sohnes in beiden Reichen fichergeftellt werden. Eine folche Garantie er- wartete er aber befonders vom Papfte und liefz fich daher, falls die Curie feinen Sohn bei der Nachfolge im Kaiferthum unter-

---

[1]) Gefta Innoc. c. 9. Muratori erzählt über Heinrichs letzte Verfügun- gen: Cuidam alii (Marq.) Infulam Siciliae commendavit cum filio pariter et conjuge. Mur. IX. 630. Die Kenntnifz des Verfaffers der Gefta von diefer Beftimmung des Kaifers beruhte gewifz auf dem Vorhandenfein einer diesbe- züglichen Urkunde. Godofr. Mon. Ann. 1196.

[2]) Dafz Markwald fpäter wirklich nicht ohne Grund Anfprüche auf die ficilifche Statthalterfchaft erhob, ift, wiewohl eine darauf bezügliche Beftim- mung in dem uns erhaltenen kleinen Theile des Teftamente Heinrichs VI. nicht mehr exiftirt, dennoch ziemlich unzweifelhaft. Als Beweis dafür mag gelten, dafz, obfchon Papft Innocenz unfern Truchfeffen wiederholt vielfacher Perfidie und Hinterlift befchuldigt, doch in allen feinen Briefen nie mit dem Vorwurf hervortritt, als habe Markwald ungerechtfertigter Weife nach der Reichsverwe- ferfchaft getrachtet; dafz der Verfaffer der Gefta fogar felbft die Anfprüche Markwald's zugefteht (Gefta c. 33), dafz der Chronift von S. Germano öfters diefelbe Thatfache ohne Bedenken erwähnt. (Rich. de S. Germ. 1198. 99). Ebenfo betrachten die deutfchen Fürften und ihnen voran König Philipp den Truchfeffen ftets als Stellvertreter des Kaifers auf der Infel.

[3]) Siehe Ficker, Ueher das Teftament Heinrichs VI., Töche, Heinr. VI., Hurter: Innocenz III. u. a.

[4]) Winkelmann, K. Philipp, Erläuterung I, Seite 483 ff.

ftütze, zu territorialen Abtretungen bewegen, ja bot die Heraus-
gabe des Mathildifchen Gutes und von Monte Fiascone mit Ausnahme von Medefina und Argelata.

In Beziehung auf das Königreich Sicilien beftimmt Heinrich, dafz Markwald und der Markgraf Conrad von Spoleto in
den ihnen vom Reiche zur Verwaltung übergebenen Gebieten
in dasfelbe Verhältnifz zum Papfte treten, in welchem fie bisher
zum Kaifer geftanden.

Auch Medefina und Argelata follten wieder der Kirche
zufallen, wenn Markwald damit belehnt bliebe; denn er wäre als
Reichsvafall derjenige, welcher fich in diefen Gebietstheilen, fowie in Ancona und Ravenna behaupten könnte. Durch einen
folchen Entwurf würde, wenn er zur Ausführung gelangt wäre,
wohl ein Einverftändnifz der Kirche mit der Vereinigung beider
Reiche ermöglicht worden fein; aber Markwald hütete fich forg-
fältig irgend Jemandem, aufzer dem Herzog von Spoleto, der
darum wufzte, den Inhalt des Teftamentes mitzutheilen, weil die
Ausficht, fortan Lehensmann des Papftes zu fein, wenig feinen
weittragenden Ideen entfprach und er höchft wahrfcheinlich
fchon gleich nach dem Tode des Kaifers, welcher im Lande allgemeine Wirrnifz erzeugte, eigene grofze Vortheile erzielen
wollte.[1]

Diefe plötzliche, allgemeine Reaction gegen die bisherigen
Verhältniffe würde aber auch, wenn die fragliche Urkunde vorgewiefen worden wäre, nicht in Schranken gebracht worden fein.[2]

Während alfo die Oppofition gegen die früheren Zuftände
auf Sicilien allgemeine Verbreitung gewann, übernahm die Kai-
ferin-Wittwe Conftanze, die wohl von jener Beftimmung im Teftamente Kenntnifz haben mochte, welche ihr und ihrem Sohne
die Regierung des Königreiches zufichern follte, die Leitung Siciliens. Als Erbin der Normannen trug fie vor Allem ihrer ficilifchen Denkweife Rechnung und gab alsbald Befehl zur Aus-
weifung der Landsleute des verftorbenen Gemales.[3]

---

[1] Ficker, Teftament II. VI. S. 4, 5. Innocenz, Ep. I, 349, II, 37, X,
80 und öfters beruft fich auf das Teftament.

[2] Gefta c. 27, Winkelmann, K. Philipp I, 19 ff.

[3] Imperatrix Panormi remanens in vefte lugubri de nece imperatoris
reguique paci confulens et quieti, Marcualdum — cum Teutonicis omnibus

J. Mayr, Markwald.   2

Wohl nur, weil Markwald und Herzog Conrad von den Anrechten der Kaiferin auf die Regierung nach dem Teftamente Kenntnifz hatten und weil gerade jetzt ihre mittelitalienifchen Lehen, die ihnen viel gröfzere Vortheile für die Zukunft verfprachen, als im Königreiche zu erwarten waren, in Gefahr ftanden verloren zu gehen, fügten fie fich dem Befehle Conftanzens. Anders aber verhielt fich die Mehrzahl der übrigen Deutfchen. Vor Allem widerftand dem neuen Regimente der Caftellan des feften Rocca d'Arce, Dipuld von Vohburg mit feinen beiden Brüdern Otto und Sigfried, der Caftellan von Rocca Sorella, Conrad von Marlenheim und deffen Vetter Hugo; dann der Mörder des Lütticher Bifchofs, Otto von Barkftein, Graf von Laviano, zu gefchweigen von andern weniger hervorragenden Deutfchen.

In ihren faft unbezwingbaren Burgen hielten fie fich vollkommen gefichert und trotzten jedem Gebote der Herrfcherin.[1]) Bevor Markwald die Gränzen überfchritt, befetzte er noch die Burgen feiner Graffchaft Molife, die ihm gewogen war, mit getreuen Vögten und Schaffnern, und da er hier, wie Winkelmann vermuthet, von aufftändigen Beneventanern in einer Burg angegriffen und wohl einigermafzen bedrängt wurde, ward er gehindert, das Königreich alfogleich zu verlaffen. Die Kaiferin, welche des gefährlichen Mannes ledig fein wollte und bei den Bewohnern Molife's kein Gehör fand, fandte daher den Erzbifchof Berard von Meffina nach Rom, um des Papftes Vermittlung zu erbitten. Erft als diefe eingetreten, konnte Markwald ungehindert abziehen, und unter dem ficheren Geleite der Cardinäle und des Grafen von Celano in die Mark Ancona gelangen.[2])

Die Stellung der Kirche in Mittelitalien nach dem Tode Heinrichs VI. war bei dem Umftande, dafz die Reichsvafallen

---

de regno exclufit ipfumque, ne amodo regnum ingredi absque fuo iuffu prefumeret neve remaneret in regno, iuramento coëgit. Rich. d. S. G. ann. 1197.

[1]) Gefta Innoc. c. 21, 25, 40, Ep. II, 221. V, 155. Rich. d. S. G. 1197. Ficker, Forfchungen, II, 230 a. a. O.

[2]) Ann. Cafinn. p. 318. Rich. d. S. G. Ann. 1197. Gefta c. 21. Roger de Hoveden ed. Stubbs IV, 31 bei Winkelmann, K. Philipp I, 39, und Erläuterungen I, 3 dafelbft.

diefer Gebiete fchon längere Zeit nicht zur Stelle gewefen, eine
fehr günftige geworden, und ihre Angriffe auf diefelben wurden
noch erleichtert durch die Mitwirkung des Bifchofes von Fermo,
den Markwald im Jahre 1196 von feinem Sitze vertrieben und
dadurch zum heftigen Gegner gemacht hatte, und des Abtes von
Farfa in der Mark Ancona. Um feinen Mahnworten an die Bevölkerung noch mehr Nachdruck zu geben, „damit die ganze Mark
wieder (bis über Rimini hinaus) mit dem Patrimonium Petri
vereinigt würde," ernannte der Papft zum Legaten jener Länder
den einfichtsvollen Cardinaldiacon von S. Maria in Porticu Gregor
de S. Apoftolo und ftellte einen Subdiacon und mehrere Agenten
auf, welche allenthalben von den Einwohnern den Treufchwur
für die Curie entgegennehmen follten. Herzog Conrad von
Spoleto hatte fein Gebiet in Kurzem ohne Schwertftreich dem
Papfte unterworfen. Anders aber verhielt fich die Sache in der
Mark Ancona, um welche fich Innocenz befonders eifrig bewarb.
Der gewaltige und thatkräftige Markwald mit feinen bedeutenden Anhängern im Lande war keineswegs der Mann, der fich fo
leichthin zu unterwerfen gefonnen war.[1]

Er beftritt als Vertreter des jungen Königs im Bunde mit
Dipuld von Vohburg und zahlreichen andern deutfchen Heerfüh-
rern entfchieden die Anfprüche des Papftes.

Bald hatte er das Exarchat gewonnen, während feine Genoffen viele andere Befitzungen an fich brachten. Conrad von
Querfurt fetzte fich im Herzogthum Spoleto feft, Dipuld mit feinem Anhange gewann mehrere Burgen in Apulien und der Terra di
Lavoro, Calabrien verwaltete ein gewiffer Friedrich und Wilhelm
Capparone fuchte in Sicilien die Oberherrfchaft an fich zu reifzen;
die Seeküfte und Sabinae liefz Benedict Carofimi in feinem Namen verwalten.

So galt alfo des Papftes Anfehen nur noch mehr in Campanien und auch hier gab es nicht wenige Anhänger der kaiferlichen Partei; aufrührerifche Söldnertruppen erftreckten ihre
Streifzüge fogar bis an die Thore Roms.[2]

---

[1] Acta imp. nr. 905; vergl. Winkelmann I, 35. Gefta c. 9.
[2] Hurter: Innoc. III, B. I, 75.

Mehr noch als auf der Halbinfel waren in Sicilien alle Bande der Ordnung gelöft. Es war umfonft, dafz Innocenz unabläffig mit feuerigen Worten an den graufamen Druck erinnerte, den die nordifchen Fremdlinge im Lande ausgeübt, dafz er dem Adel die Zeiten ins Gedächtnifz rief, da die Erde vor ihrem Antlitze erzittert habe, dafz er das ganze Volk mahnte, fich nicht durch Feigheit dem allgemeinen Gefpötte preiszugeben — Alles blieb fruchtlos, und felbft die Geiftlichkeit hörte nicht mehr auf die Stimme ihres Oberherrn; die Mönche von Monreale achteten weder Schwur noch Bann und leifteten Markwald und deffen Genoffen den Treueid.

Franzofen, Spanier, ja päpftliche Soldtruppen und allen voran die Pifaner ftellten fich unter den Schutz Markwalds.

Indeffen war der Senefchall aufzer Stande die Romagna zu halten. Die dortigen Städte, namentlich das mächtige Bologna, übten ihre Herrfchaft über beinahe alle dem Herzoge unterftehenden Reichsherrfchaften. Mit Ravennaten und Faentinern verbündet drangen die Bolognefen ins Gebiet von Cefena ein, wo Markwald ihren Verwüftungen nicht Einhalt zu thun vermochte; durch ihre Macht war er bald hierauf auch gezwungen, die Belagerung Ravenna's aufzuheben. Bald war fein Anfehen nur mehr auf Cefena und Forli befchränkt, wovon aber erfteres ebenfalls vor Jahresabfchlufz von ihm abfiel.[1]) Auch in der Mark Ancona lehnten fich vorzugsweife die Städte gegen Markwald's Herrfchaft auf.

Wie fchwer er fich hier gegen die wachfende Oppofition zu halten vermochte, beweift der Umftand, dafz er nunmehr mit dem Papfte in Unterhandlungen einzugehen fuchte, da auch von Deutfchland her keine Hilfe zu erwarten war.

Jetzt erinnerte er fich wieder der Beftimmungen des Kaifers betreffs feiner Lehen im Teftamente, für deren Durchführung der ungetreue Mann auch nicht die geringfte Mühe verwendet hatte und berief fich auf diefelben, um, obwohl er Vafall

---

[1]) Winkelmann I, 106, 107, Ficker, Forfchungen II, 289 Anm. 22. Ep. I, 461 befiehlt Innocenz dem Bifchof von Cefena und dem Legaten Cinthius am 13. Dez. 1198 das über diefe Stadt wegen ihrer früheren Gemeinfchaft mit Markwald verhängte Interdict aufzuheben.

des Papftes wäre, doch im Befitze feiner Herrfchaften bleiben
zu können. Und diefz konnte er vielleicht jetzt um fo mehr erwarten, da gerade die Bedingungen bezüglich der Lehenshoheit
der Kirche über Markwald, nemlich die Unterftützung des jungen
Friedrich bei Erwerbung der Herrfchaft über das Kaiferreich
und Sicilien von Seite des Papftes, da Deutfchland fchon feinen
König in Philipp erhalten hatte, für denfelben jetzt unmöglich
erfüllbar waren. Ein Hinweis auf das Teftament konnte daher
des Eindruckes nicht verfehlen, wufzte doch Innocenz nicht im
Entfernteften, in wie weit durch dasfelbe die Rechte Markwalds
ficher geftellt waren.

Als nun der Papft die Cardinäle Johann von Salerno und
Cinthius an Markwald entfandte, um ihn zur Unterwerfung zu
bewegen, hörte diefer die Eröffnung des Botfchafters willig an
und verficherte, mit Land und Gut Unterthan der Kirche fein zu
wollen. Zugleich liefz er durch feine Unterhändler, die Bifchöfe
von Venafro und Camerino und den märkifchen Edelmann Ram-
bert Munaldi, welche er nach Rom fandte, vorläufig dem Papft
feine Huldigung darbringen und ihn erfuchen, behufs einer Befprechung eine perfönliche Zufammenkunft mit ihm zu ermöglichen. Vertrauend auf feine Gewandtheit fuchte er Innocenz durch
Verheifzungen hinzuhalten, um defto ficherer fein Ziel zu erreichen und beauftragte daher die Abgefandten, dem Papfte mitzutheilen, wie es nach dem Teftamente des verftorbenen Kaifers
in feiner Macht ftehe, der römifchen Kirche zu gewaltigem Anfehen und grofzem Vortheile zu verhelfen und diefelbe auf Grund
des Teftamentes noch ungleich höher zu erheben, als fie feit Con-
ftantins Zeiten je geftanden habe. Würde ihm ficheres Geleite
gegeben, fo verfprach er, perfönlich in Rom die Lehensverbind-
lichkeit einzugehen, nur follten die Legaten während der Dauer
der Verhandlung Niemanden in Pflicht nehmen oder doch keinen
zu unfreiwilliger Unterwerfung zwingen.[1])

Diefen Anträgen, welche dem Papfte vor einiger Zeit in
ganz ähnlicher Weife durch Conrad von Uerslingen geftellt worden waren und die er diefem fchlechthin verweigerte, konnte er
auch Markwald gegenüber nicht entfprechen.

---

[1]) Gefta c. 9.

Er ordnete zwar den Cardinal Guido von Trastevere ab,[1]) um dem Markgrafen und Herzog das gewünfchte Geleite nach Rom zu geben, geftattete aber den Legaten die Annahme freiwilliger Unterwerfungen; ihm war es eben nur darum zu thun, durch ein fcheinbares Abkommen Markwald zur Mittheilung des Teftamentes und zur Niederlegung der Waffen zu bewegen, um ihn dann befeitigen zu können.

Markwald weigerte fich aber auf diefes hin, einen in feinem Namen geleifteten Huldigungseid anzuerkennen, und als ihm fein eigenes Beglaubigungsfchreiben vorgewiefen wurde, erklärte er, Munaldi habe feine Vollmachten überfchritten und zog diefelben überhaupt zurück.

Da er fich wieder entfchlofz feine Stellung mit Waffengewalt zu behaupten, erfchien ihm die Vorweifung des Teftaments überflüffig.

Als die Cardinäle nun in allen Kirchfpielen, die fich unterwerfen wollten, den Huldigungseid entgegennahmen und zur Ueberwachung der Rechte diefes Eides in dem Erzbifchof von Ravenna und deffen Suffragan eigene Legaten einfetzten, ward Markwald aufs höchfte gereizt und eröffnete abermals den Kampf.

Blühende Städte wurden in der Romagna und in der Anconitaner Mark durch Markwalds Krieger zerftört; nur jene blieben verfchont, die fich unbedingt unterwarfen. Schlöffer und Burgen wurden verbrannt, Kirchen und Wohnhäufer geplündert und reifende Saatfelder verwüftet. Vor Allem traf die Rache der Deutfchen jene, welche neuerdings zur Kirche abgefallen waren. Die Cardinäle, die Alles mit anfehen mufzten, ermahnten den Truchfeffen, fein Heer zu entlaffen; doch diefer weigerte fich begreiflicherweife, einem folchen Anfinnen zu entfprechen und antwortete mit noch fchrecklicherer Verheerung.

Alle Unterhandlungen mit Rom wurden gänzlich abgebrochen.

Jetzt fprachen die Cardinäle den Bannfluch über Mark-

---

[1]) Ob Guido von Rom abgegangen ift, kann, da er vom März bis zum Mai 20 dauernd als Zeuge in päpftlichen Urkunden zu finden ift, nicht beftimmt angegeben werden.

wald aus, und diefes Verfahren wurde in den erften Tagen des
März 1198 vom Papfte beftätigt.[1])

„In des Allmächtigen Gottes, feiner Apoftel und in Unferm
eigenen Namen, beginnt die päpftliche Bulle, verfluchen Wir
fomit Markwald fammt feinen ganzen Anhang, Deutfche wie La-
teiner; namentlich aber Dipuld, Sigfried, Otto von Laviano, Her-
mann und den Vogt von Sorella, des Truchfeffen vornehmfte
Genoffen, weil er, obwohl von Unfern vielgeliebten Söhnen, den
Cardinälen Johann und Cinthius als Unfern Gefandten ermahnt
worden ift, von feinem Sengen und Brennen und vom Zerftören
der Ortfchaften abzulaffen und feinem Heere den Abfchied zu
geben, keinerlei Folge geleiftet hat. Zugleich fei in diefen Bann
miteinbegriffen der Erzbifchof von Salerno, der als Anhänger
Markwald's die Verwaltung feiner Diöcefe aus feiner Hand empfangen hat."

Die Geiftlichen follten nach des Papftes Befehl diefen Bann
an jedem Sonn- und Fefttage öffentlich und unter Glockenfchall
bei ausgelöfchten Kerzen verkünden; über Alle, welche dem
Senefchall irgendwie Vorfchub geleiftet, den gleichen Fluch ver-
hängen; alle Orte, in denen er fich blicken liefze, mit dem Interdict belegen.

Wer aber gegen ihn die Waffen ergreife, foll gleichen Sün-
denablaffes theilhaftig werden, wie diejenigen, welche gegen die
Saracenen gerüftet, u. z. deshalb, weil gerade Markwald fortwährend verhindere, gegen die Ungläubigen zu ziehen.

Durch folche Vorftellungen nun glaubte Innocenz unter
den Grafen, Baronen und andern Getreuen des Landes Anhän-

---

[1]) Gefta c. 9. Ep. II, 167. Zur Zeit, als die beiden Cardinäle in die
Mark eingerückt, fchreibt Innocenz Ep. I, 38, zwifchen 2. und 3. März, er
wolle die Excommunication über Markwald noch verfchieben, überläfzt aber
deffen Ausfpruch den Gefandten und beftätigt ihr Vorgehen. Da Markwald
am 7. Jänner 1199 vor S. Germano erfchien und der Abt erft in der äufzerften Noth zum Papfte feine Zuflucht nahm und erft dann die Cardinäle helfend
herbeieilten, fo wird wohl die Bannung Markwald's nicht vor Februar anzu-
fetzen fein. Nach Hurter I, 257 wäre er erft, als er in Apulien ankam, gebannt worden. Gefta l. c. fetzen die Bannung ftatim poft fuam electionem,
cf. Ep. II, 4 :quos ad partes veftras circa novitatis noftrae primordia deftinavi-
mus, alfo wohl im Januar 1198.

ger zu finden und ein ſtattliches Heer, das der deutſchen Herrſchaft in Italien ein raſches Ende bereiten ſollte, anzuwerben.
Und wirklich gewannen ihm ſeine Bemühungen zahlreiche Anhänger.

Bald durchzogen ſiegreiche päpſtliche Schaaren das von
Markwald beſetzte Land und zerſtörten die feſten Burgen, die
ihm den ſicherſten Halt gewährten. Das ganze Jahr hindurch wüthete der Krieg in jenen Marken
und die Ausſichten Markwald's auf einen glücklichen Ausgang
wurden, da er einen feſten Platz nach dem andern räumen mußte,
immer zweifelhafter.[1]

Nach dem Beiſpiele der tuſciſchen Städte, welche im Februar 1198 gegen Herzog Philipp und Markwald Stellung genommen hatten, traten im Auguſt die märkiſchen zu einem Bunde
gegen Jedermann, außer gegen die römiſche Curie, zuſammen
und kümmerten ſich nicht mehr um Verträge und Befehle der
Deutſchen. Zutreffend dürfte die Annahme ſein, daß die Läh-
mung der Reichsgewalt überhaupt die municipalen Gegenſätze
verſtärkte, daß ſich zwei Parteien bildeten, von denen die eine
natürlich der Kirche, die andere, die bedeutend kleinere, dem
Reiche ſich anſchloß. Ancona, Oſimo, Fermo, Fano und Sinigaglia traten zuerſt dem Bunde bei; aber auch Citta nuova, Ma-
telica, S. Severino, Fabriano, Monte Santo, Macerata u. a., die
ſich ihm nicht förmlich anſchließen wollten, ſtanden in nahen
Beziehungen zu demſelben. Vorzüglich thätig für die Sache des
Papſtes zeigte ſich die Stadt Jeſi.[2]

Dieſe Städte betrachteten den Papſt als oberſten Gebieter
an Stelle des Kaiſers und machten die Aufnahme in ihren Bund
ausdrücklich von der Leiſtung des Mannſchafts- und Treueides
an die Kirche abhängig.

So ſchwand alſo Markwald's Anſehen und beſchränkte ſich
nur noch auf Ceſena und Forli und auf das ſchon ſchwankende
Caſtell-Fidardo, auf Ascoli und Camerino.[3]

---

[1] Geſta c. 8, 9. Ep. I, 27, 38, 557, II, 4, 167 III, 53. Odo Rayn. I, c.
Winkelmann I, 106 ff. Ficker, Forſchungen II § 362, Argelati not. ad. Sigon.
Hiſt. reg. Ital. 856. Hurter I, 129, 130.

[2] Ep. II, 167, belobt Innoc. dieſe Stadt wegen ihres beſ. Eifers.

[3] Die Geſta c. 9 zählen Camerino fälſchlich zur päpſtlichen Partei; es

Eine getreue Stütze aber fand er an der Mehrzahl der märkifchen Adeligen, welche ihm zwar keinen ausgiebigen Beiftand
gewähren konnten, da fie felbft fo manchen Vortheil an die Städte
verloren hatten, aber ihn doch noch in der äufzerften Bedrängnifz zu halten vermochten.[1])

Endlich gedachte Markwald die abgebrochenen Unterhandlungen mit dem Papfte wieder aufzunehmen und verfprach,
ohne fich noch auf das Teftament Heinrichs zu berufen, die Mark
gegen jährlichen Zins von der Kirche zu Lehen anzunehmen,
für die Belehnung felbft aber eine namhafte Summe ausbezahlen
zu wollen.

Bei dem damals hier zu Lande waltenden Parteihader, bei
welchem, obfchon Innocenz zahlreichen Anhang gefunden, doch
die einzelnen Bezirke nie zu freier Selbftändigkeit gelangen konnten und alfo der Wiederherftellung des Reiches nie ernftlicher
Widerftand hätte geboten werden können, mochte der Papft
wohl zeitweife daran gedacht haben, das Land an Markwald
unter der Hoheit der Kirche zu überlaffen, wenn er dagegen auf
alle Gewalt im Königreiche verzichte. Aber, indem er der Treue
des Mannes mifztraute und nun fchon im wirklichen Befitze der
Oberhoheit über einen bedeutenden Theil der Mark gelangt war,
hoffte er doch mit Hilfe der ihn hierbei unterftützenden deutfchen und italienifchen Parteien, Markwald zu bedingungslofer
Verzichtleiftung auf feine Anfprüche zu vermögen und gieng auf
feinen Vorfchlag nicht ein.[2])

Indeffen hatte fich der Papft in feinen Erwartungen einigermafzen getäufcht; denn Markwald legte zwar nach Zurück-
weifung feiner Anträge zunächft die Waffen nieder, verzichtete
aber keineswegs auf feine Anrechte.

Wohl, um einer Weifung König Philipps nachzukommen,
in Sicilien die Vormundfchaft über den jungen Friedrich entge-

---

dürfte nach Ep. II, 4 fich diefe Stadt erft 1200 dem Papfte unterworfen
haben.

[1]) Nach Ficker I, c. II, 317, 318, ftand ein gewiffer Ugolino auf Seite
der Städte; mit Markwald hielten es Graf Gotebald von Sinigaglia und Cagli
und deffen Bruder Bernard, fowie Graf Walter u. a.

[2]) Gefta, c. 9. Ep. I, 38, 461, 557, 558 II, 167.

genzunehmen, und vor Allem deshalb, weil dort die zerrütteten
Verhältniſſe des Reiches die Wiederaufrichtung der deutſchen
Macht zu erleichtern ſchienen und er gedachte, von der Inſel aus
mit beſſerem Erfolge gegen den Papſt kämpfen zu können, und
auch um auf ſolche Art ſeine mittelitaliſchen Beſitzungen wieder
zu gewinnen, überlieſz Markwald die Wahrung ſeiner Anrechte
in der Mark und dem Herzogthume den ihm getreuen Städten
und Adeligen, verſammelte jetzt ſein Heer und eilte im Herbſte,
nicht ohne „die Beihilfe derjenigen, die zum Reiche gehört",
nach Süden. [1])
   Ueber dieſe Entfernung war Innocenz höchlich erfreut und
er verkündigte triumphirend, wie durch die ausgezeichneten Bemühungen des Cardinallegaten Johannes — Cinthius war ſchon
im Herbſte zurückgekehrt — der gröſzte Theil Ancona's der
Kirche zugefallen wäre.
   Unbekümmert um die Achtserklärung, welche die beſorgte
Kaiſerin Conſtanze über ihn verhängte, ſchritt Markwald im Ge-
folge der angeſehenſten Edlen nun nach Unteritalien, belagerte
an den Gränzen der Mark das feſte Ripatranſone und lieſz ſich
von einem Nachkommen der früheren Markgrafen belehnen.[2])
Als er in die Graffſchaft Moliſe kam, wo die Urkunden ſeiner
Anſprüche aufbewahrt wurden, ſchickte er Geſandte zum Abte
Rofrid von Monte-Caſino, um mit demſelben wegen des Friedens
zu unterhandeln und lieſz ihn erſuchen, er möchte ihm das Reichs-
balium, welches, wie er behauptete, der verſtorbene Kaiſer ihm
überlaſſen, zuſprechen. Als er vom Abte dieſz nicht erlangte,
denn dieſer hatte die Reichsverweſerſchaft ſchon dem Papſte

---

   [1]) Winkelmann I, 106—111. Das Einvernehmen Philipps mit dem gebannten Markwald und deſſen Genoſſen bezeichnet Innocenz öfter als Grund
zur Verwerfung ſeiner Wahl, da ja durch eine ſolche Gemeinſchaft der König
ebenfalls in die Excommunication gegen Markwald et omnes fautores ejus ver-
fallen war. — Unterſtützung hat übrigens Markwald bei den damaligen Zuſtän-
den in Deutſchland von Philipp unmöglich erhalten können. — Wenn die vita
Innocentii annimmt, der Truchſeſz wäre einfach wegen der Fortſchritte der
Kirche nach Unteritalien abgegangen, ſo iſt dies eben nur, wie bewieſen, zum
geringſten Theile richtig.
   [2]) In der Belehnungsurkunde datirt Markwald nach der Regierung des
Königs Philipp, erkennt alſo dieſen, nicht etwa den jungen Friedrich als Reichs-
herrn an.

Innocenz zugefchworen, welcher in der Sache Markwald's die zwei Cardinäle mit einer Streitmacht campanifcher Soldaten zum Abte als Landeshilfe gefchickt hatte, fo litt es Markwald nicht mehr länger in feinem lang verhaltenen Grimme und er begann „nach deutfcher Weife" nun gegen die Befitzungen des Klofters zu wüthen.[1])

Als tapfere Kampfgenoffen leifteten ihm alle Deutfchen im Königreiche jenfeits des Pharus thätige Hilfe. In erfter Reihe unterftützten ihn die einft aus Sicilien Gebannten aber noch immer in unbezwingbarem Trotz dort waltenden Herren, wie Markgraf Dipuld und feine Brüder, Conrad von Sorella, Otto von Laviano und Friedrich von Maluto.[2])

Gleich zu Beginn des Jahres 1199 brach alfo Markwald in das Land des hl. Benedict ein, nahm an deffen Gränze die Burg S. Pietro ohne Widerftand ein, da diefelbe durch die furchtfamen Einwohner felbft gröfztentheils zerftört worden war, und legte fie in Afche; die Feftung des hl. Victor nahm er mit Gewalt und plünderte fie; fetzte hierauf fein Heer gegen die von ihren Bewohnern verlaffenen feften Burgen Cervarium und Toroclum in Bewegung und vernichtete fie vollftändig.

Indeffen hatte auch der Papft auf die dringenden Bitten des Abtes Rofrid, ihm zu Hilfe zu kommen, demfelben feinen eigenen Sold überfandt und unter dem Befehle des Landpflegers von Campanien, Lando's von Montelongo, 500 Reiter und 100 Bogenfchützen ausgerüftet, damit fie das Land des heiligen Germanus gegen die Einfälle Markwalds befchirmten. Die Cardinäle Johann von Salerno und Gerhard boten die Grafen und Barone der Terra di Lavoro zur Rüftung wider den „Feind des Reiches" auf.[3]) Innocenz öffnete fodann noch die päpftliche Schatzkammer, entlehnte anfehnliche Summen und fandte den Cardinal Colonna in die Marken, um deren Einwohner zu den Waffen zu mahnen. Ueberdiefz warb er zu Rom, in Campanien und der Lombardie, berief die Rectoren von Tuscien und unterhandelte mit ihnen, damit fie einen Heerhaufen von wenigftens 1500 Rei-

---

[1]) Gefta Innoc. c. 23, Ep. II, 168, Rich. d. S. Germ. ann. 1198.
[2]) Gefta c. 23, 26, 33.
[3]) Ep. I, 363.

tern und eine Anzahl Bogenfchützen und Fufzvolk zur Vertheidigung von Friedrichs Gebiet abfenden follten.

Nachdem alfo Markwald gegen die Befitzungen von Monte
Cafino mit Feuer und Schwert gewüthet und die meiften Dörfer,
deren Einwohner fich geflüchtet, durch feine Kriegsknechte geplündert und niedergebrannt waren, fchlug er am 7. Januar in
den Feldern von S. Germano fein Lager auf.
Die Bürger der Stadt im Verein mit campanifchen Soldaten, welche gerade vorher zur Hilfeleiftung in die Stadt eingezo-
gen waren, leifteten anfangs kräftigen Widerftand. Aber fchon
am folgenden Morgen, als Dipuld fich mit den Seinigen des
Berges Maria, einer nahe gelegenen Anhöhe, bemächtigt hatte
und dort feine Zelte auffchlug, wurden die Belagerten kleinmü-
thig und flohen in feiger Angft mit Weibern und Kindern in
das angränzende Thal und auf den Klofterberg. Der Abt und
die Cardinäle flohen ebenfalls ins fefte Bergklofter und fuchten
mit mehr als taufend Einwohnern innerhalb der Ringmauern desfelben Zuflucht.[1]
So zog nun Markwald am nämlichen Tage noch in die von
den meiften Bewohnern verlaffene Stadt, raubte deren Habe und
übergab die Zurückgebliebenen den mannigfachften Qualen,
wenn fie fich nicht um hohen Preis loszukaufen vermochten. Vor
Allem aber war es ihm darum zu thun, das befeftigte Klofter und
feine reichen Güter zu gewinnen. Einige Tage hindurch hatte er
fchon den Wall, der den Zugang zum Klofter vertheidigte, vergeblich angegriffen, indem die Campaner und andere im Thale
aufgeftellte Soldaten Widerftand leifteten; als er befchlofz, das
was nicht gewaltthätig zu erzwingen war, durch Abfchneiden
aller Lebensmittel zu erreichen.[2]
Die Nachricht von der Flucht des Abtes und feiner Unterthanen fchmerzte Innocenz und er konnte ihrer nicht gedenken,

---

[1] Ep. I, 557.
[2] Rich. d. S. Germ. ann. 1199, Hurter I, 252, 253.

ohne den Bewohnern von S. Germano ihre Feigheit vorzuwerfen.
Mit feurigen Worten rief er wiederholt die Unterthanen des Abtes
zum Kampfe gegen die deutfchen „Ufurpatoren" auf: „Nicht an
der Feigheit derer von San Germano, fondern an der Tapferkeit
der Befatzung von Monte Cafino möge fich Jeder fpiegeln. Haben
einft wenige Getreue die Deutfchen aus dem Lande zu jagen vermocht, fo wäret auch Ihr es im Stande gewefen, wenn nicht der
Geift der Weiber die Männer verweichlicht hätte. Wenn Ihr dem
Ungeftüm des Feindes, unterftützt von Unferm Cardinal Jordan
im Bewufztfein Eures Rechtes uud um Eure Freiheit zu retten,
begegnet, wie könnte man da an einem Siege zweifeln über einen
Gegner, den nur niedrige Leidenfchaft und die Begierde nach
Beute befeelt?!" [1]) In Beforgnifz, die Vorräthe des Klofters möchten
für die Menge der Flüchtlinge und die Befatzung nicht länger
mehr ausreichen, fandte er eilends den Cardinal Jordan und feinen Vetter, den Subdiacon Octavian mit 1500 Goldunzen an den
Grafen Peter von Celano, an R. Teatin und andere Grafen und
Barone diefer Provinz, um wegen Zufuhr zu unterhandeln. Der
Graf nahm das Geld, vertheilte es unter feine Krieger und, indem
er mehr des eigenen Vortheiles als der Bedürfniffe jener Einge-
fchloffenen bedacht war, liefz er ihnen kaum einige Laftthiere
mit Mehl zukommen. Später fcheint er fich eines andern befon-
nen zu haben, da er in einem Briefe von Innocenz als Mufter der
Tapferkeit aufgeführt ift. [2])

Während deffen kam es zu zahlreichen Gefechten zwifchen
den Belagerten und Markwald.

Die Belagerten hatten keineswegs allen Muth verloren,
fondern wagten häufige Ausfälle, tödteten und verwundeten viele
von Markwald's Söldnern und trugen bei folchen Scharmützeln
fogar öfters den Sieg davon; es gelang ihnen felbft gegen namhafte Angebote, Ueberläufer aus dem gegnerifchen Lager zu
gewinnen.

Deffenungeachtet war nach achttägiger Einfchliefzung die
Bergfefte der Uebergabe fehr nahe.

---

[1]) Ep. I, 557—561.
[2]) Ep. I, 560.

Da, am Fefte des heil. Maurus, den 15. Januar, veränderte
fich auf einmal die Reinheit des Himmels, erzählt der Chronift
Richard, fchwarze Gewitterwolken zogen heran und Ströme von
Regen und Hagel fielen nieder und ftreckten die feindlichen Gezelte zu Boden. Als fich jetzt die ausgetrockneten Cifternen wieder mit erfrifchendem Waffer füllten, dankten die Bewohner des
Klofters nächft Gott ihrem Schutzpatron St. Maurus für die un-
erwartete Rettung.

Markwald war gezwungen, die Belagerung aufzugeben.
Beim Herabfteigen vom Berge liefz er aber noch einmal dem
Ausbruch feines Zornes freien Lauf. Das Schlofz Plumbareole
brandfchatzte er, und als er nach S. Germano zurückkam, befahl
er, die Stadt niederzubrennen, liefz das Schlofz des hl. Helye mit
Feuer belegen, zertrümmerte die Mauern der Stadt und deren
Säulen und Thore. Die gottlofen Gehilfen des Senefchall, fährt
Richard fort, brachen in viele Kirchen ein, trieben dafelbft ihren
Muthwillen und fcheuten fich nicht, Gott und die Heiligen zu
entehren. „Doch als einer von den Nichtswürdigen es wagte,
fchänderifcherweife den Altar der feligen Jungfrau zu entweihen,
ward plötzlich deffen Hand verdorrt, und ein anderer, welcher
in der Kirche des hl. German ein Cruzifix mit Steinen zerfchlug
und dann auf fchimpfliche Art befudelte, endigte mit fchnellem
Tode. Dadurch wurde Markwald derart in Schrecken verfetzt,
dafz er, erfüllt von böfer Ahnung wegen des Gefchehenen, nach
einem mit dem Abte abgefchloffenen Vertrage, eilig das Gebiet
des Klofters räumte." Das Abziehen des Truchfeffen aus dem
Gebiete des Klofters zu Anfang Februar mag thatfächlich wohl
in einem Vertrage zwifchen ihm und den Belagerten feine Begründung haben.[1]

Wäre Markwald fogleich nach der feigen Flucht der Einwohner von S. Germano im Lande vorgerückt, fo würde fich im
erften Schrecken Alles unterworfen haben; fein Zug wäre ein
triumphirender gewefen. Nun aber, da er fo lange Zeit unthätig
vor dem befeftigten und forgfam umwachten Klofterberg lag,
konnte von Seite des Papftes und deffen Anhange vielfach auf

---

[1] Rich. d. S. Germ. ann. 1199, Gefta c. 23. Ep. I, 557—560. Chron.
Foff. nov. 883, Murat. V. 73, Baluz. I. 317, 19.

die nunmehr befonneneren Unterthanen des Abtes Rofrid einge-
wirkt werden; auf folche Weife konnte die Belagerung und Einnahme von S. Germano, indem fie zu kräftigen Gegenrüftungen
Zeit geftattete, für die Feinde Markwald's zu gröfserem Vortheile
gereichen, als für diefen felbft.[1]) Markwald übergab nun die Schlöffer Pontescurvo, Teramo
und S. Angelo, ein neues Caftell und die Fefte Fratta dem Mark-
grafen Dipuld und den Seinigen zur Dienftbarkeit, um gegen die
Angriffe des Abtes Rofrid und des ihm ebenfalls feindlich gefinnten Grafen von Fondi, Richard Aquila, gefichert zu fein,
worauf Dipuld nach Apulien vorangieng und Alle im Reiche zur
Anerkennung der Reichsverweferfchaft Markwald's aufforderte.
Die Vortheile, welche Abt Rofrid währenddeffen wieder in feinem Lande gewann,[2]) machten ihn unvorfichtig; trotz früherer
Erfahrungen fchenkte er dem Eide Dipulds, die Befatzung des
hl. Benedict fortan unangefochten zu laffen, allzuleicht Vertrauen.
Diefz mufzten die Einwohner von S. Germano neuerdings büfzen.
Am 9. März, bei Nachtzeit, drang Dipuld in des Abtes Land ein
und gab es der Plünderung preis, worauf die Bewohner gezwungen wurden, fich loszukaufen. Der Abt aber entfloh und erbat
fich vom Grafen Wilhelm Celani von Caferta Hilfe. Als diefer
ihm feinen Beiftand verweigerte, wandte er fich an Rainald Se-
baldus, welcher ihn bereitwillig mit Geld verfah, fo dafz Rofrid
damit einige Bediente und Bogenfchützen zufammenbrachte,
nachts in's Klofter zurückkehrte und Dipuld zum Abziehen
bewog.

Als Markwald wieder mehrere Städte geplündert hatte,
rückte er nach Apulien vor und befetzte Avellino, liefz aber von
deffen Belagerung ab, als er fich mit den Einwohnern der Stadt
auf friedliche Art beglichen hatte; fchritt hierauf nach Vallata,
nahm dasfelbe gewaltthätig und überliefz deffen Güter feinen
Soldaten als Beute. Von Apulien kehrte fich Markwald nach
Capitanata in die Graffchaft Molife, in eine Stadt von Sernia,
welche er ihres Eigenthums berauben liefz, da feine Truppen
anders nicht befchwichtigt werden konnten; drang dann in die

---

[1]) Ep. I, 558, 559.
[2]) Unter Anderm erhielt er das Schlofz S. Angelo von Dipuld zurück.

Terra di Lavoro ein und belagerte Teano, jedoch vergeblich. Von hier begab er fich nach Salerno, das dem Grafen Dipuld günftig war, und fetzte endlich im Herbfte auf einem bereitftehenden Schiffe nach Sicilien hinüber.[1])

Dort hatte während der Abwefenheit des Truchfeffen die Kaiferin Conftanze ihren Sitz in Palermo aufgefchlagen, ihren Sohn aus der Auffcht der Herzogin von Spoleto, der er zur Erziehung übergeben war, zu fich kommen, ihn dann im Mai 1198 zum Regenten erklären und krönen laffen. Ihre eigentlichen Vertrauten und die Stützen ihrer Herrfchaft waren der liftige Kanzler Walter von Palearia, Bifchof von Troya und Herzog Conrad von Uerslingen, der Statthalter des Reiches. Bei den mannigfachen Parteiungen, welche die Kräfte des Landes fchwächten, und der Gefährlichkeit der gebannten Deutfchen und deren Anhänger, erkannte Conftanze die Nothwendigkeit einer feften· Stütze, eines mächtigen Schutzes.

Diefe glaubte fie in der Lehensverbindung mit der römifchen Curie zu finden und fandte Abgeordnete an Innocenz, um demfelben das Königreich Sicilien, das Herzogthum Apulien und das Fürftenthum Capua in Friedrichs Namen als Lehen zu übergeben.

Während diefer Unterhandlungen aber erkrankte die Kaiferin und ftarb am 27. November 1198. Noch kurz vor ihrem Ende foll fie, indem fie Markwald's Pläne durchfchaute, denfelben als Feind des Reiches erklärt und alle Grafen vor jeder Verbindung mit ihm gewarnt haben. Ihrer letzten Willensmeinung zufolge follte dem Kanzler Walter, fammt den Bifchöfen von Palermo, Monreale und Capua die Vormundfchaft und Erziehung ihres Sohnes übertragen worden fein.[2])

Da alfo der Papft durch die Kaiferin zum Vormunde des jungen Königs und Reichsverwefer in Sicilien ernannt worden

[1]) Ep. I, 565, Rich. d. S. Germ. ann. 1197, 1199, 1200.
[2]) Hurter, Innoc. III, I, 140 ff. Töche, Heinrich VI, 351.

war,[1]) liefz es derfelbe in keiner Weife ermangeln, den Angelegenheiten diefes Landes alle Aufmerkfamkeit zuzuwenden und unabläffig um des Königs Ehre und des Reiches Wohlfart bemüht zu fein, damit er nicht nur den Namen eines Vormundfchafters führe, fondern als folcher durch die That fich bewähre".[2]) Er erklärte es als die Aufgabe von ganz Italien, ihn bei der Ordnung der ficilifchen Verhältniffe zu unterftützen, und mahnte vor Allem die oberitalienifchen Städte, ihm gegen Deutfchland den Rücken zu decken und zu verhindern, dafz Markwald und feine Genoffen von Norden her irgend eine Hilfe erhielten. Wie die Deutfchen in Mittelitalien, fo follten fie nun auch aus Sicilien verdrängt werden. Erinnert Euch daran, fchreibt Innocenz an die Bifchöfe und Prälaten, Grafen, Barone und Bürger von Unteritalien und Sicilien, fowie an die Verwandten des Königs, was Ihr nicht nur mit den Ohren vernommen, fondern felbft thatfächlich über die Tyrannei Markwald's in Erfahrung gebracht habt; wie unter feiner Herrfchaft die Fürften des Reiches geächtet, die Prälaten verbannt oder eingekerkert und die Edlen an den Gliedern verftümmelt wurden. Wenn Markwald heute wiederum feine frühere Macht erlangt, fo wird er, wie ehedem, weder Gefchlecht, Alter noch Adel verfchonen. Ihr wifzt, wie er Geiftliche und Weltliche bei lebendigem Leibe verbrennen, in fiedendem Oele gemartert hat, oder fie mit Mühlfteinen in den Meeresgrund verfenken liefz; wie er die Mauern und Bollwerke der Städte niedergeriffen und dadurch die Städte zu Dörfern gemacht; wie er die Edlen zu Knechten erniedrigt, den Eltern die Tochter, dem Manne das Weib geraubt und entehrt, die Eingebornen verjagt und dem Fremdling deren Güter zugetheilt hat, und wie fehr Ihr durch die Verfprechungen der Deutfchen getäufcht wurdet; wie endlich jene alten Bedroher des Reiches einft das Gemüth der Kaiferin zum Morden des Adels, zur Bedrückung der Armen und zur Verminderung der Mächtigen verleitet haben. Da wohl beinahe Niemand vorhanden ift, der nicht an Leib und Gut gelitten hätte, wäre es billig, dafz Alles gegen

---

[1]) Das Recht und die Pflicht des Papftes zur Vormundfchaft erftreckte fich nur über Sicilien; vergl. Winkelmann I, 126.

[2]) Ep. I, 557, 558, 560, 565.

J. Mayr, Markwald. 3

diefen Feind zöge.... Wenn Ihr zufammenfteht und Geld bei-
fteuert zur Bekämpfung diefes Feindes Gottes und der Kirche,
diefes Verfolgers des Reiches und aus der chriftlichen Gemeinfchaft Ausgefchiedenen, ift es unmöglich, dafz derfelbe noch einmal überwiegen könne; ja es ift ficher, dafz er aufgerieben werde,
ehe er noch zu entfliehen in der Lage ift, und dafz auf folche
Art das Reich vor deffen Beläftigung für immer gefichert bleibe.
Wir wollen indeffen unermüdlich forgen, dafz von den Lombarden, Tusciern, Romagnolen, Campanern und andern benachbarten Provinzen ein bedeutendes Heer zur Unterdrückung Markwald's aufgeftellt werde.[1]

Durch folche Briefe und Mafzregeln des Papftes ward jedoch
Markwald noch keineswegs eingefchüchtert. Bei der weiten Entfernung des Papftes von Sicilien, bei der Unterftützung, die der
Truchfefz im Lande felbft zu finden hoffte, bei allen Mitteln,
welche ihm feine Schlauheit eingab, feine Kühnheit auszuführen
vermochte, wurde er in feinen Entwürfen nur defto mehr ermu-
thigt. Des Papftes Stellvertreter, Cardinal Gregor, der feit Februar in Sicilien weilte, fah durch das geheime Gegenwirken der
Vertrauten des Königs feine Beftrebungen durchkreuzt und ver-
liefz fchon anfangs Juli die Infel.

Einflufzreiche Männer nemlich begünftigten Markwald's
Vorhaben. So der reichbegüterte Graf Peter von Celano und
vor Allem die Grafen von Palearia, die reichen Barone Manerius
und Gentilis und insgeheim auch deren einflufzreicher Bruder,
der Grofzkanzler Bifchof Walter von Troya, der über dem Gedanken, nicht mehr als der Erfte im Reiche handeln zu können,
vergafz, dafz die Kaiferin durch des Papftes Verwendung fehr
begründeten Verdacht mit Wohlwollen vertaufcht und ihm das
Reichsfiegel, das fie ihm einft, als fie nahe daran war, ihn aus
dem Reiche zu verbannen, wegen eines Bündniffes mit den Deutfchen abnehmen liefz, nun wieder anvertraut hatte.

Er mochte es nicht ungern gefehen haben, dafz die Reichsverwefung und Vormundfchaft einem andern, als dem Papfte
übertragen werde, unter welchem er gröfzern Einflufz zu gewinnen hoffte.[2]

---

[1]) Ep. II, 221 a. a. O.
[2]) Gefta 23, 24, Ep. I, 557, 559—564, Ep. III, 23.

Neben feinen deutfchen Kriegern und vielen ficilifchen Edelleuten hielten die Saracenen des Landes es zumeift mit dem Truchfeffen, und ebenfo die Pifaner, welche dem kaiferfeindlichen tuscifchen Bunde ftets ferne geftanden waren und nun von Syrakus aus gegen die Anfprüche der Curie arbeiteten.

Die Deutfchen fühlten fich als Eroberer des Landes und hatten längft deffen Bevölkerung dermafzen verachten gelernt, dafz fie fich auch nicht im Geringften durch päpftliche Drohworte einfchüchtern liefzen. Der Senefchall war jetzt Meifter auf der Infel und fchaltete als folcher mit Willkür und Härte. Befonders waren die Anhänger Friedrichs feinem Haffe ausgefetzt. Mag auch Manches übertrieben fein, was Innocenz von den Greuelthaten der Deutfchen erzählt, um eher zum Widerftand zu entflammen, fo ift doch Alles weder Markwald's Charakter noch deffen Zeit völlig unangemeffen.[1]

Da ihm in feinen Anfprüchen auf die Vormundfchaft über Friedrich und die Reichsverwefung noch immer die kräftigen Mafzregeln des Papftes entgegenftanden, fo liefz Markwald im Geheimen und mit aller Vorficht nachforfchen, mit welchen Mitteln Innocenz am leichteften zu gewinnen wäre. Die Verhandlungen mit Rom übernahm für ihn der von der Kreuzfahrt gerade in Unteritalien angekommene Cardinal-Erzbifchof von Mainz, Conrad von Wittelsbach.[2]

Diefen als erften geiftlichen Fürften und Erzkanzler von Deutfchland mochte Markwald feiner Perfönlichkeit und feines Einfluffes halber für geeignet erachten, feinem Antrage bei Innocenz Eingang zu verfchaffen. Er liefz alfo dem Papfte, nicht damit diefer ihm Hilfe fende, fondern um feinen Widerftand zu brechen, 20000 Unzen Goldes fogleich, ebenfoviel nach der Einnahme von Palermo, Huldigung für fich und feine Lehen, doppelten Lehenszins und Erweiterung der Rechte des hl. Stuhles

---

[1] Rich. de S. Germ. ann. 1199.

[2] Gefta c. 24, Ep. I, 293 — Am 3. Mai fchreibt der Papft noch an Conrad, als wäre er im hl. Lande; um diefe Zeit aber mag derfelbe fich bei Markwald befunden haben, da er nach der Chron. Sampetr. ed. Stübel p. 46, aufgeführt bei Winkelmann I, 166, am 15. Juli erft an der Küfte Apuliens landete und nach Ep. I, 293 bald darauf, noch im Juli, wieder in Deutfchland ift.

auf Sicilien anbieten und verſprach, die Krone dieſes Reiches
aus ſeiner Hand empfangen zu wollen. Er erbot ſich zugleich,
mit Zeugen beweiſen zu wollen, dafz weder Heinrich der Vater
noch Conſtanze die Mutter des königl. Kindes, ſondern dafz das-
ſelbe ein unterſchobenes ſei.[1])

Der Papſt war nicht wenig erſtaunt, als er von des Erzbi-
ſchofs Bemühungen vernahm, für Markwald günſtigere Bedingungen auszuwirken und erklärte alle Verſprechungen und Angebote als verabſcheuungswerth.

Nun wandte ſich Markwald zu einer anderen Liſt und
glaubte ſicheren Erfolg zu erzielen, wenn er dem Wunſche leb-
haften Ausdruck verleihe, mit der Kirche für immer ausgeſöhnt
zu werden. Obgleich nun Innocenz den Worten Markwald's er-
klärlicher Weiſe mifztraute, ſo wollte er doch, „weil er bei uner-
bittlicher Strenge nicht als Stellvertreter Chriſti oder Nachfolger
der Apoſtel, ſondern als unverſöhnlicher Richter erſchiene und
die Kirche reumüthigen Kindern die Rückkehr nie verwehrt
habe",[2]) mit ihm in Unterhandlungen eingehen, wenn er in
Allem, weswegen er excommunizirt worden ſei, den päpſtlichen
Weiſungen gehorchen wolle. Markwald entgegnete, dafz er in
geiſtlichen Dingen unbedingt gehorſame, in weltlichen aber die
gerechten Anforderungen mit der beſchworenen Verſicherung
halten werde. Er verſpreche noch einmal ſchriftlich, abgeſehen
von irgend welchem Vertrage, einen Eid leiſten zu wollen, dafz

[1]) Geſta c. 24, 33. Huill. Bréh. I, 80. Die nächſte Veranlaſſung zu
dem Gerüchte, dafz Friedrich II. nicht der Sohn Heinrich's und Conſtanzens
ſei, lag unzweifelhaft in dem Umſtande, dafz die Ehe der Kaiſerin lange Zeit
kinderlos und ſie ſelbſt ſchon ziemlich bejahrt war, als ſie gebar. Der Urſprung
des Geredes iſt wohl bei den Deutſchen, der Kaiſerin feindſeligen Partei zu
ſuchen. Dafz Markwald an den Papſt das Anſinnen ſtellte, ihm die Herrſchaft
Siciliens zuzuerkennen, wie die Geſta erzählen, iſt in Anſehung der immenſen
Tragweite, welche die Stellung Markwalds als König des ſiciliſchen Reiches
für den Papſt gehabt hätte und bei dem Umſtande, als der Truchſefz gar wohl
wufzte, wie ſehr Innocenz ſtets beſtrebt war, dem jungen Friedrich das Königthum über die Inſel zu ſichern, völlig unglaublich. Und doch ſcheint anderer-
ſeits aus der entrüſteten Antwort des Papſtes zu folgen, dafz wirklich ein ähnlicher Antrag geſtellt wurde.
[2]) Ep. II, 170.

er in Dem, weshalb er gebannt worden, den päpftlichen Anord-
nungen Folge leiften wolle.

Nun fandte Innocenz den Cardinal-Bifchof Octavianus von
Oftia, den Cardinalpriefter von S. Maria jenfeits der Tiber und
den Cardinal-Diacon Hugo von S. Euftachio nach Veruli in Campanien, um dort feierlich die Ausföhnung zu bewerkftelligen. Ein
Beweis, welches Gewicht der Papft in eine Friedensvermittelung
mit dem Reichsfenefchall legte, ift die Wahl der Gefandten, durch
welche er ihn offenbar auszeichnen wollte; es waren ja diefe
Stellvertreter die drei Rangordnungen der Cardinäle.

Markwald traf alfo am bezeichneten Orte ein und leiftete
nach langem Wortftreite den vorgefchriebenen Eid. Hierauf bat
er die Cardinäle, fie möchten ihn zum benachbarten Klofter Cafamario begleiten, um feinen Kriegsgenoffen, welche dort zurück-
geblieben waren, feine Aufnahme in die Kirche zu verkünden.

Heimlich hatte er aber die Abficht, die Legaten aus einem
befeftigten in einen freien Ort zu bringen, um fie dadurch zu ver-
mögen, ihr Mandat nicht allzuftrenge an ihm auszuüben. Der
Bifchof von Oftia willigte auf den Rath feines Vetters Leo von
Monumento in diefen Vorfchlag, und auch die beiden anderen
Prälaten ftimmten endlich, von Octavian dazu vermocht, bei.

Zu Cafamario ward dann ein Mal bereitet, bei welchem
Markwald felbft feine Gäfte auf das forgfältigfte bediente. Gegen
Ende des Gaftmales vernahm man unter feinen Leuten mürrifche
Bemerkungen und einige unter ihnen liefzen fich verlauten, dafz
man die Pfaffen gefangen fetzen folle.

Durch diefen von Markwald veranftalteten Aufruhr hoffte
derfelbe, die Gefandten zu fchrecken und an der Ausübung ihrer
weitern Befehle zu hindern. Anfangs allerdings waren die Cardinäle in grofze Verwirrung gerathen; bald aber fafzte fich
Cardinal-Diacon Hugo und zog die bisher verwahrte Bulle des
Papftes, welche die Forderungen an Markwald enthielt, hervor
und verlas diefelbe vor allen Anwefenden: „Das ift die Weifung
des Papftes, begann er, wir vermögen es nicht anders zu thun;
aber diefe Vorficht gebraucht der hl. Vater, fowohl feinet- als
unferthalben.” — In dem päpftlichen Schreiben wird dem Markwald befohlen, unter eidlicher Verficherung von der Verwaltung
des Königreiches abzuftehen, allen Einfällen in dasfelbe fowie in

das Patrimonium der Kirche zu entfagen, die Zurückgabe alles
deffen, was er vom Reiche für fich und die Seinigen gewaltthätig
oder betrügerifch an fich gebracht habe, und endlich vollkom-
mener Erfatz für jeden dem hl. Stuhle und dem Klofter Monte
Cafino verurfachten Schaden und Nachtheil. Er folleverfprechen,
an Cleriker und kirchliche Perfonen niemehr hinfort weder felbft
noch durch Andere Hand anzulegen, die Cardinäle und Legaten
des Papftes weder zu berauben noch gefangen zu nehmen, ausgenommen, er würde gewaltthätig von ihnen angegriffen, um fich
zu vertheidigen; doch will hiermit nicht gefagt fein, dafz ihm
dann folches geftattet, fondern nur, dafz es ihm nicht unter Eides-
pflicht unterfagt wäre. [1])

Nachdem diefe Bedingniffe verlefen waren, entftand unter
den Soldaten Markwald's ein ungeheurer Tumult; auch er war
fehr erregt, geftattete aber keineswegs, dafz an den Cardinälen
irgend etwas Unehrenhaftes begangen würde, fondern begleitete
fie fogar in eigener Perfon nach Veruli zurück. Dort eröffnete
er ihnen, felbft vor dem hl. Vater erfcheinen zu wollen, um ihm
ein Geheimnifz mitzutheilen, das er nur Innocenz allein anver-
trauen könne. Diefes Umftandes halber erfuchte er um vorläu-
figen Auffchub in der Ausübung des Mandates. Er beftätigte
zugleich in einem mit feinem Siegel beglaubigten Schreiben, des
Papftes Weifung empfangen und den verlangten Eid geleiftet
zu haben. [2])

Kaum jedoch hatte Markwald des Papftes Losfprechung
erhalten und war wieder zu feinen Genoffen zurückgekehrt, of-
fenbarte er alsbald feine eigentliche Gefinnung und fchrieb an
den Papft einen Brief. Schon in der Begrüfzungsformel ahnte
Innocenz wieder feines alten Gegners Arglift. „Dem in Chrifto
ehrwürdigen Vater und Herrn Innocenz, von Gottes Gnaden und
des hl. apoftol. Stuhles Papft — Markwald des Reiches Senefchall, Grufz und fchuldigen, ergebenften Gehorfam", begann
das Schreiben, und in einem folgenden Brief bezeichnete er fich
als Reichsfenefchall „et id quod eft und was er fonft noch ift",
gleichfam, als wollte er weder ausdrücklich fich als Reichsver-

---

[1]) Gefta c. 23. Ep. II 167.
[2]) Ep. II, 179.

wefer Siciliens und Vormund des Königs erklären, noch auch
diefen Titel, den er in früheren Briefen öfters gebraucht, vollftändig aufgeben.

Bevor noch eine Woche verfloffen war, verkündigte er
in ganz Sicilien und aufzerhalb des Reiches, dafz er nun mit dem
Papfte ausgeföhnt und fo fehr in den Augen desfelben zu Gnaden gekommen fei, dafz er ihm geftattet habe, die Verwaltung
des Reiches zu führen und dafz er zwei Cardinäle zu ihm gefandt
hätte mit der Weifung an die Bewohner der Infel, ihm, dem Senefchall, in Allem zu gehorchen. Als ihn darauf die Cardinäle
der Lüge befchuldigten, antwortete er in einem Briefe unumwun-
den, dafz er weder für Gott noch für einen Menfchen des Papftes
Befehle beobachten wolle. [1])

Diefes Benehmen Markwald's flöfzte dem Papfte neuerdings ernfte Beforgniffe für den jungen König und feine Sache
ein; er machte daher noch einen letzten Verfuch, den Senefchall
zu gewinnen. Aus der Art, womit Ihr behandelt worden, fchreibt
er an Markwald, könnet Ihr genügend die Milde und das befondere Wohlwollen des apoftol. Stuhles entnehmen, in dem viele
glaubten, dafz felbft der Befehl, ins hl. Land zu pilgern, kaum
genügende Sühne für Eure vielen und grofzen Verbrechen wäre.
Möge Ausficht vorhanden fein, dafz Ihr gegen das, was alfo zum
Heile Eurer Seele feftgefetzt worden ift, nichts einwenden wer-
det, indem Wir ja felbft Eure ewige Rettung höher erachten, als
allen zeitlichen Gewinn. Es ift fehr auffällig, dafz Ihr Euch von
neuem als Reichsverwefer unterzeichnet; Wir ermahnen Euch
ernftlich, hievon abzuftehen und aus der Noth eine Tugend zu
machen, da Euch ja die bisherige Erfahrung hat lehren können,
dafz es nicht der Wille der Vorfehung ift, die Reichsverwefung
Euch zukommen zu laffen. Uebrigens werden wir gern verneh-
men, was Ihr uns mitzutheilen gefonnen feid. „Wir erwarten
Euch mit Freuden und werden Euch nach Anmeldung Eurer
Ankunft ficheres Geleite geben." [2])

---

[1]) Gefta c. 24. Ep. II, 167, 168, 179. Den Brief Markwald's „als
Zeugnifz feiner Treulofigkeit» erwähnt Innoc. Ep. II, 221.

[2]) Ep. II, 168.

Zugleich neben diefem Schreiben verkündigte Innocenz den Grafen, Baronen, Bürgern und allem Volke der Infel die Wendung, welche die Unterhandlungen mit Markwald genommen hatten. Wenn Markwald, fchreibt er, glauben mochte, durch eine Lift die römifche Curie zn hintergehen, fo hat diefe Alles zum Voraus geahnt und der Truchfefz nur fich felbft betrogen. Sofort fchleudert er dann wieder gegen Markwald und alle feine Anhänger den Bannfluch, entkräftet laut päpftlicher Gewalt alle ihm zugefchworenen Eide und fordert die Bevölkerung auf, unverzüglich ihn zu verlaffen und zum Dienfte des Papftes zurückzukehren.

Auf die Nachricht, in welch neuen grofzen Gefahren und Bedrängniffen feine Freunde in Sicilien fich befänden, fandte Innocenz eilends Boten und Briefe an die Sicilianer, nicht ausgenommen die Saracenen und forderte fie auf, Markwald zu Gunften des wahren Königs nieder zu drücken, indem Markwald, fo viel an ihm gelegen ift, nunmehr nicht nur gegen Sicilien, fondern gegen die ganze Chriftenheit fich verfchworen hat und dem Reiche geworden ift ein zweiter Saladin.

In einem andern Briefe klagt fodann in ähnlicher Weife der Papft über die Greuelthaten des Senefchalls und deffen abermalige Treubrüchigkeit aufs bitterfte: Nachdem Wir Böfes mit Gutem vergolten und ihn vom Banne befreit, nachdem er Uns mit einem feierlichen Eide Gehorfam zugefchworen, jedoch abermals gefonnen ift, fich am mütterlichen Erbe Friedrichs zu vergreifen; find Wir gezwungen, neuerdings den Fluch über ihn auszufprechen. Da Markwald fich jetzt fogar mit den Saracenen verbündet hat und gefangene Chriftinnen ihrer Luft preisgiebt, fo ift der Kampf gegen ihn gleichzuhalten einem Kreuzzuge, weshalb Wir auch den getreu im Widerftande Verharrenden alle jene Gnaden zufichern, wie folchen, die über Meer führen.

An die Saracenen fchrieb er, fie möchten nur auf die Verfprechungen und Drohungen Markwalds in keiner Weife achten, fondern ihm widerftehen; fo wenig er einft die Chriften verfchont, fo wenig würde er fpäter ihrer fchonen oder je Verfprochenes halten.

Zuletzt verfprach er, den Cardinal Cinthius und Anfelm,

den erften Erzieher des Prinzen, fowie den Erzbifchof von Neapel
und Tarent mit einem ftarken Heere nach Sicilien zu fenden. [1])
Befonders ift es das Bündnifz Markwalds mit dem „See-
und Strafzenräuber Wilhelm Craffo von Malta, dem er fowohl
an Strafwürdigkeit als an Verbrechen gleichte," was den Papft
faft ebenfo erbitterte, als der von dem Truchfeffen auf Veran-
laffung der deutfchen Fürften zu wiederholtenmalen erhobene
Anfpruch auf die Reichsverweferfchaft auf Sicilien.

König Philipp und die ftaufifch gefinnten Fürften und
Geiftlichen verwandten fich nemlich energifch für Markwald und
behandelten ihn wirklich als Vormundfchafter Friedrichs und
ftellvertretenden Regenten des deutfchen Herrfchers in Sicilien.
Philipp war deshalb den letzten Verfügungen der Kaiferin vollkommen entgegen, indem ihm überaus viel darum zu thun war,
in Italien Einflufz und wenigftens einen Theil der alten Macht
wieder zu erlangen, und beftritt alfo das Recht jedes Andern
auf die Regentfchaft der Infel.

Auf feinen Befehl foll ja Markwald im Jahre 1198 ins Königreich zurückgekehrt fein, um an der Stelle der Kaiferin Conftanze das Land zu behaupten; mit ihm blieb der deutfche König
in ftetem Verkehre und wurde daher von Innocenz auch als Mit-
gebannter betrachtet. [2])

Die Ausfichten Philipps auf Italien waren auch keineswegs
ungünftige, denn in Deutfchland hatte man von den unter Kaifer
Heinrich erworbenen Machtanfprüchen noch nichts fahren gelaffen und der kluge und tapfere Markwald galt ja allüberall als
der Vorkämpfer der deutfchen Sache in Italien und liefz es an
keiner Bemühung fehlen, des deutfchen Reiches Herrlichkeit zu
heben.

Die deutfchen Fürften richteten nun von Speier aus am
28. Mai 1199 ein Schreiben an den Papft, welches ohne Zweifel
zunächft gegen die Recuperationen der Curie gerichtet war.
Darin melden fie ihm dann, dafz fie fich dem Könige zu folcher
Hilfe verpflichteten, quod nullus in imperio et in terris, quas fere-

---

[1]) Ep. II., 200, 226, 280.
[2]) Ep. II, 221, 226. Baluz. I, 485 — II. B. I. 1, 34. Ann. Col. max.
p. 807, Winkelmann I, 111. Reg. de neg. imp. nr. 33.

42

niffimus frater fuus habuit ipfius audebit dominium recufare. „Wir bitten Eure päpftliche Würde, heifzt es weiter, die wir auf das Wohl des römifchen Reiches von Herzen bedacht find, dafz Ihr nicht widerrechtlich die Hände nach den Gerechtfamen des Reiches ausftrecket, wie wir felbft auf das eifrigfte bemüht find, dafz das Recht der Kirche von Niemandem angetaftet und gefchmälert werde." Damit der Wahrheit und dem Rechte der Sieg verbleibe, verlangen fie Unterftützung für ihren Herrn, den König Philipp, mahnen ihn, ihrem lieben Freunde und Getreuen des Königs, Markwald, dem Markgrafen von Ancona, Herzog von Ravenna und Verwefer des ficilifchen Reiches die apoftolifche Gunft zu fchenken, nicht aber feinen Widerfachern; fchliefzlich erklären fie, in Kurzem mit Heeresmacht nach Rom ziehen zu wollen, um ihren Herrn zum Kaifer krönen zu laffen.

In diefem Schreiben find 26 geiftliche und weltliche Reichsfürften d. Spirae V. Kal. Junii im eigenen und im Namen von 24 anderen, quorum nuntios et literas habuimus, unterfchrieben.[1])

Aus der Faffung diefer Schrift ergiebt fich zur Genüge, dafz die ftaufifche Partei auch nicht im Geringften von Allem, was Kaifer Heinrich befafz, aufzugeben gewillt war. Die Titel, welche fie Markwald beilegten, waren in diefer Beziehung, indem die Fürften von Philipps Partei nicht blos die Recuperation der mittelitalienifchen Reichslande feitens des Papftes rückgängig zu machen beabfichtigten, fondern auch die Autorität der römifchen Curie auf die Lehensherrfchaft und Vormundfchaft des Königs Friedrich im ficil. Reiche beftritten, verftändlich genug. Markwald follte ja eben der Vormünder des königl. Prinzen als Stellvertreter Philipps in Sicilien fein.

Daher auch die Behauptung des Papftes einige Zeit darnach gewifz nicht ohne Grund erhoben wurde, dafz Philipp mit Markwald in Verbindung ftehe, um Friedrich zu verdrängen.[2])

Erft im Auguft 1200 antwortete Innocenz auf die Erklärung von Speier und zwar in der Art, dafz jede Möglichkeit einer

---

[1]) Ficker, Forfchungen II, 𝔷 364, Abel, K. Philipp 340, 399. F. W. Schirrmacher, Heinr. VI. I, 18. Hurter I. 260. Reg. de neg. imp. nr. 14. Mon. Germ. 4, 401. M. G. Leg. II, 201, Winkelmann I, 176, 515.

[2]) Reg. imp. ep. 33.

Verständigung mit der Reichspartei dadurch abgeschnitten wurde.
Er versprach die Rechte des Reiches stets zu achten und den
rechtmäßzigen König selbst zur Krönung zu berufen, lehnte
jedoch eine Empfehlung Markwald's ab, weil sie einem ganz un-
wirdigen und eidbrüchigen Menschen gelte, der das dem päpstl.
Stuhle gehörige Königreich widerrechtlich angreife. Doch sei er
mit Gottes Hilfe schon überwältigt.

Im Jahre 1199 triumphirte Innocenz aber noch keineswegs
über die deutsche Partei. Er sah damals bald ein, dafz ein so thä-
tiger, tollkühner, verschlagener und kriegserfahrener Mann, wie
Markwald, der schon so manche starke Macht unter sein Joch
gebeugt hatte und noch immer an Anhängern gewann, nicht
mehr durch Mahn- und Drohworte, sondern nur durch starke
Waffen bezwungen werden konnte. Deshalb sandte er jetzt die
versprochenen Legaten Cinthius und Anselm und seine Vettern,
Marschall Jakob und Odo von Palumbario mit 200 wohlgerüste-
ten Soldaten, sämmtlich thätige und weise Männer, welche auf
Erfüllung ihrer Aufgabe allen Fleifz und Eifer zu verwenden ver-
sprachen, ins Reich, warb auf eigene Kosten im ganzen Lande
Miethtruppen an, einzig, weil er erwartete, die Grofzen des Reiches Sicilien würden sich nach so vielen durch Markwald erdul-
deten Bedrückungen ohne Bedenken der römischen Curie zuwen-
den, seine Soldaten mit Geld und Lebensmitteln unterstützen
und seinen Befehlen in Allem unbedingten Gehorsam leisten.[1]

Innocenz hatte sich nun freilich in vielen Dingen getäuscht,
denn die Verwaltung des Landes wurde ja sogar, wie erwähnt,
durch die königl. Räthe nicht immer in seinem Sinne geführt
und es bedurfte oftmaliger Warnungen des Papstes, die Güter
des jungen Königs nicht leichtsinnig zu verausgaben. Bei den
fortwährenden Kämpfen der erbitterten Parteien und der im
Lande herrschenden heillosen Wirrnifz mufzten dann auch nothwendig das kirchliche Leben und des Papstes Interessen darunter
leiden.[2]

---

[1] Ep. II, 221, 245, 280. III, 23, VII, 130, XIII, 83. Murat Ann. VII.
I, 140. Gesta 24. Da Innocenz von einem copioso exercitu spricht, so mögen
wohl diese 200 nur die vornehmste Schaar einer weit bedeutenderen Kriegs-
macht gewesen sein.

[2] Ep. I, 159—164, 187, 258, 264.

Bischof Walter von Troya, der nach eigenem Gutdünken
seine Kanzlerschaft versah, hatte, unbekümmert um des Papstes
Zustimmung, die erledigte Stelle eines Erzbischofs von Palermo
an sich gerissen, und als Innocenz dagegen Einwendungen erhob, es nicht versäumt, ihn auf alle mögliche Weise zu verun-
glimpfen. Der hochfahrende Mann hatte den königlichen Prinzen
dahin vermocht, als Cardinal Gregor die Insel verlassen hatte,
die Obergewalt unter seinen Räthen ihm zu übertragen; hatte
dann die Nachfolger Gregors zur Rückkehr nach Rom bewogen, [1]
nahm und vergab hierauf mit aller Willkür die einflußreichsten
Stellen, verpfändete und verkaufte Zölle und Einkünfte und königliche Besitzungen. Bei all diesem Gebahren wußte er den
Schein der Treue gegen den König zu bewahren. Als nun die
von der Leitung des Staates und der königl. Aemter ausgeschlos-
senen Grofzen bei Ankunft Markwald's auf Sicilien und dessen
gewaltthätiger Herrschaft sich sofort mit Klagen und Bitten an
den Papst um Hilfe wandten, gesellte sich der Kanzler auch allmählig diesen zu, indem er es für klüger hielt, mit der Feindschaft
der deutschen Partei sich die Geneigtheit des Papstes und die
Ausficht auf die Behauptung seiner bisherigen Gewalt zu er-
kaufen. [2]

Im Frühjahre 1200 entsandte jetzt der Papst das angewor-
bene Heer unter seinen bewährten Anführern nach Sicilien. Marschall Jakob errang bald namhafte Erfolge: in Calabrien erlag
ihm Friedrich von Maluto, mit Beginn des Sommers nahm Mes-
sina die Sieger auf; am 17. Juli standen die Päpstlichen vor der
Hauptstadt Siciliens, die schon nicht mehr in den Händen der
Deutschen war.

Hingegen war aber auch Markwalds Thätigkeit unermüdlich. Magadeus, der Emir der Saracenen, unterstützte die deutschen Feldherrn nun ebenfalls mit Bewaffneten, viele Adelige und
Städte schlossen sich ihm an, und so reichte Markwald's Macht
weithin im Reiche. Nicht allein Vorliebe für die staufifche Partei,

---

[1] Honorius III. erwähnt nach Cinthius noch zwei andere an Friedrichs
Seite geschickte Cardinäle. Notices et extraits II, 261.

[2] Gesta c. 24. Ep. III, 23.

fondern auch die Furcht vor der Rache der Deutfchen zog die
Bevölkerung zum Truchfeffen heran.[1])

Befonders förderlich war auch der Sache Markwald's feine
geheime Verbindung mit den Mönchen von Monreale, mit deren
Einverftändnifz er diefe fefte Felfenftadt, den Schlüffel zu Palermo, in feine Hände brachte. Am 27. Juni ftand Markwald mit
feiner ganzen Heeresmacht vor der dem Könige getreuen Stadt
Palermo.

Es war alfo dringend nöthig, dafz der Legat und Marfchall
des Königs, welcher mit dem Kanzler fich noch immer in Meffina befand, nach Palermo eilte. „Wie es Eurer Heiligkeit be-
kannt ift, fchreibt Bifchof Anfelm an den Papft, landeten ich und
die Meinigen am 17. Juni mit drei Galeeren und einer Buffa
(einer Art gröfzerer Schiffe) Apulier glücklich vor Palermo. Am
felben Tage und zur nemlichen Stunde langten der Cardinal mit
allen Herren der Curie, ausgenommen dem von Catenea, mit
einem königl. Heere dort an. Ueber diefe Ankunft herrfchte zu
Palermo grofze Freude, da der gottlofe Markwald die Stadt mit
einer Schaar nichtswürdiger Saracenen befetzt hielt und fchon
durch 20 Tage aufs ftrengfte mit der Einwohnerfchaft verfuhr
und derfelben fogar, wie es fcheint, die allernöthigften Lebensmittel abfchnitt. Das Heer des Königs fchlug alfo aufzerhalb
der Stadtmauern in dem königl. Garten Januardus noch am felben Tage fein Lager auf, um am kommenden Morgen fogleich
zum feindlichen Angriffe gerüftet zu fein."

Der Marfchall Jakob wird wohl beim Adel der Infel wenig
Hilfe gefunden haben, weil vom Papfte nur ein einziger, S. comes
Ragufiae, ob feiner Anhänglichkeit vorzüglich gerühmt wird.

In diefer Noth fuchte Markwald wieder fein Loos durch
Ueberliftung der Gegner zu wenden und fandte bei Annäherung

---

[1]) Gefta c. 26. Die Annahme Rich. d. S. Germano, nach welcher
Markwald in einem Vertrage mit dem Grafen Gentilis zu Pale durch diefen
unter dem Titel eines Befchützers des Königs und feines Palaftes einen Wohnfitz
im Königshaufe erhalten hätte, ift mindeftens zweifelhaft und nach Murat.,
Ann. d. H. VII, 137 der Zufatz eines fpätern Chroniften. Wie hätte auch
Markwald fpäter nöthig gehabt, Palermo zu belagern, wenn er feine Wohnung
in dem dortigen Schloffe gehabt hätte. — Oder ftanden die Päpftlichen vor
der Stadt?

des päpftlichen Heeres, Rainerius von Manente mit Friedensver-
ficherungen an dasfelbe. Seine Abficht dabei aber war, die
Schwäche feiner Gegner auskundfchaften zu laffen und die königlichen Feldherren fo lange hinzuhalten, bis er neue Verftärk-
ungen an fich gezogen hätte. Er wufzte fehr gut, dafz es den
gegnerifchen Anführern an Geld gebrach, um die murrenden
Soldaten zu befchwichtigen, und dafz eine Verzögerung des
Kampfes deren Sachlage nur noch gefährlicher mache. Bald
hätten feine Schmeichelworte bei der königl. Partei verfangen
und Viele liehen feinen Verfprechungen ein williges Gehör, „als
der Ueberirdifche Heerführer, der Alles weifz, bevor es gefchieht
und der die Gedanken der Menfchen erkennt, die Rathfchläge
der Fürften zerftreut", eine wunderbare Wendung herbeiführte.
Einftimmig in all den verfchiedenen Zungen, welche im Heere
des Königs gefprochen wurden, gab fich der Wille kund und
vernahm man den einmüthigen Ruf: „Den Frieden mit einem
Gebannten verwerfen wir, einen Vertrag mit einem Feinde Gottes
und der Menfchen verfchmähen wir aus tiefer Seele; was bedarf
es da noch langer Berathung!"

Trotz diefes entfchiedenen Mifzerfolges liefz fich Markwald
von einem nochmaligen Friedensantrage nicht abhalten. Und
wirklich zeigten fich der Erzbifchof von Monreale, Kanzler Walter und die Bifchöfe von Cefalu und Meffina, weil in grofzer Geld-
verlegenheit, ungeachtet des Widerwillens der Soldaten, geneigt,
feinem Angebote Gehör zu fchenken. Wenig hatte zu einer
Uebereinkunft zum Nachtheile des römifchen Stuhles gefehlt.
Als aber der päpftl. Schreiber, Magifter Bartholomäus, von einem
folchen Bündniffe hörte, das zum offenbaren Schaden feines
Herrn und der Kirche führen mufzte, erhob fich derfelbe und
verlas ein apoftolifches Schreiben, in welchem auf das ftrengfte
unterfagt war, mit Markwald je irgend einen Vertrag abzufchliefzen. Durch diefes Vorgehen wurden Markwald's Pläne
vereitelt und die Verhandlungen abgebrochen.

Das Kriegsheer und die Einwohner von Palermo harrten
indeffen mit fteigender Ungeduld auf eine entfcheidende Schlacht.
Am 21. Juli, dem vierten Tage nach der Ankunft des päpftlichen
Heeres, erfolgte auf der Ebene zwifchen der Hauptftadt und Monreale von Seite Markwald's mit dem Kern der Deutfchen und

einem Theil der Saracenen der erfte Angriff. Von der dritten bis ungefähr zur neunten Stunde dauerte der Kampf. Auf beiden Seiten wurde mit ruhmwürdiger Tapferkeit gekämpft. Von den königl. Soldtruppen, die im Vordertreffen ftanden, wurden bei den erften Angriffen Viele getödtet und verwundet, bis fie endlich nach mannhaftem Widerftande und nachdem fie auch ihrerfeits zahlreiche Feinde niedergeftreckt hatten, der auf fie eindringenden Uebermacht weichen mufzten. Unter dem Schutze des Marfchalls Jakob fammelten fie wieder frifche Kraft und erneuten noch zweimal den Kampf für die Sache ihres Herrn. Die Deutfchen und Saracenen ftürmten in wildem Gedränge heran und wähnten fich fchon als gewiffe Sieger, als der päpftliche Marfchall abermals mit feinen noch nicht ermatteten Truppen muthig und kampfbefeelt hervorbrach. Diefem Anpralle vermochte Markwald's Heer nicht mehr zu widerftehen; es wurde zur Flucht genöthigt und heftig verfolgt, fo dafz in einer Stunde das Lager der Deutfchen und Saracenen vollftändig geräumt war. Viele von den Fliehenden wurden getödtet; die Wenigen, welche dem Schwerte entgiengen, kümmerten fich nicht mehr um ihre Gezelte und ihre Habfeligkeiten, fondern eilten voll Schrecken in die Gebirge und zerftreuten fich in Erdhöhlen und Thalfchluchten.

Ueber 500 Pifaner unter ihrem Hauptmanne Benedictus und eine zahlreiche Schaar Saracenen waren nach der Eroberung von Monreale durch Markwald mit der Hut diefer Stadt betraut worden. Kaum aber hatte der Kampf begonnen, als das königl. Fufzvolk unter Anführung der Grafen Gentilis und Malgario und einiger Soldaten die Stadt im Sturme einnahmen und die ganze Befatzung niedermachten, ausgenommen den pifanifchen Hauptmann und deffen Begleiter, welche durch die Flucht entkamen. Unter den verftümmelten Leichen befand fich auch die des maurifchen Emirs Magadeus, des Rathgebers und Führers Aller.

Wohin Markwald gekommen, mit wie vielen und mit welchen von den Seinen er entflohen war, wufzte man nicht. Rainer von Manente und viele andere der Vornehmften aus dem Heere des Senefchalls wurden gefangen genommen und eingekerkert. Eine grofze Zahl Edler bedeckte das Blachfeld. Grofz und koftbar war die den gefchlagenen Feinden abgenommene, den mit-

48

tellofen Päpftlichen fehr erwünfchte Beute, fo zwar, dafz ein
voller Tag kaum genügte, diefelbe aus dem Lager wegzu-
fchleppen. Markwald's fämmtliches Gepäck, wefches unter andern
auch das Teftament Kaifer Heinrichs VI. in goldener Bulle enthielt, fiel in die Hände der Sieger.

„Das ift alfo, fchliefzt Bifchof Anfelm fein Schreiben an
den Papft, der Tag, den Gott gemacht hat, der Tag der Erlöfung
und der Freude, der Tag, an dem Euer Name verherrlicht und
gepriefen wird und der uns den Sieg über den Feind, dem vor-
trefflichen Marfchall mit allen den Seinen aber einen ewigen
Namen verfchafft hat". [1])

Diefe Niederlage brach übrigens ebenfo wenig die Macht
der Deutfchen auf der Infel, als eine zweite, gleich darauf erfolgte,
welche der Kanzler dem Senefchall bei Randazzo beibrachte.
Wenn nun der Cardinal Cinthius den errungenen Sieg zu benutzen und als Stellvertreter des Papftes die Reichsregierung zu
übernehmen und im Sinne der Curie zu führen gedachte, fo fah
er fich in feiner Hoffnung alsbald getäufcht.

Die ficilifchen Barone hatten den Papft eben nur aus Hafz
gegen die Zwingherrfchaft Markwald's unterftützt, nun aber war
es ihr nächfter Entfchlufz, fich aus der Abhängigkeit von Rom,
welche ihnen kaum weniger zuwider war, zu retten.

Marfchall Jakob erhielt als Lohn feiner Tüchtigkeit vom
Könige die Graffchaft Andria in Apulien, konnte aber feine Truppen nicht länger mehr in Sold behalten, um der Macht der Deutfchen den Todesftofz zu geben, und zog in Kurzem aus Sici-
cilien ab.

Dem Kanzler war nun darum zu thun, Markwald nicht
ganz verderben zu laffen, um in ihm eine Stütze gegen den über-
wiegenden päpftlichen Einflufz zu erhalten. Bifchof Walter wurde
fonach für Innocenz kaum weniger gefährlich als der deutfche

[1]) Gefta c. 26, 27, 33. B. H. I. 46. Mon. Germ. Leg. II, pars 2a.

„Schurke".[1]) Es gelang ihm, da er noch des Papftes volles Vertrauen genofz und die abgeordneten Cardinäle und Soldtruppen
das Land verlaffen hatten, feinen Anhang noch dadurch zu ver-
ftärken, dafz er feinen Bruder Gentilis unter die königlichen Räthe
aufnahm und dadurch, weil Gentilis in nahen Beziehungen zu
Markwald ftand, fich auch die Freundfchaft des Senefchalls gewann. Unbekümmert um feinen Eid, um den Bann, welchen er
felbft über Markwald verkündet hatte und um die Anfprüche der
übrigen Räthe, fchlofz er mit diefem ein Bündnifz, nahm auch
ihn unter die königlichen Räthe auf, räumte vor allen Andern
ihm den Vorrang ein und theilte fich mit ihm derart in die Verwaltung des Reiches, dafz der Leitung des Einen Sicilien, der
des Andern Apulien unterftehen follte.

Im Namen des Königs ergieng an Jedermann der Befehl
fich nach diefem Uebereinkommen zu richten.

Als Papft Innocenz abermals von den traurigen Zuftänden
auf Sicilien vernahm, wandte er fich neuerdings an die Geiftlichkeit und die Barone von Apulien, erinnerte fie an die Wunden,
welche Markwald dem Reiche gefchlagen, wie hingegen er durch
kirchliche Mittel und ohne einen Aufwand zu fcheuen durch ein
Heer verhindert habe, dafz jener über den gröfzten Theil des
Reiches feine Gewalt habe ausdehnen können. Nun vernehme
er, dafz der Kanzler mit Markwald einen Vertrag gefchloffen
habe, wodurch letzterem zum Verderben des Königs noch mehr
eingeräumt würde, als er felbft vor feiner Flucht gefordert habe.
Bald werde er alfo zu ihrer Unterdrückung von Sicilien zurück-
kehren; aber fie follten ihm Widerftand leiften, denn feine Macht
fei gelähmt; durch keinen Brief mit königlichem Namen und
Siegel dürften fie fich bethören laffen, denn nicht vom Könige,
nur von dem, welcher die Uebereinkunft gefchloffen, rührten
folche Betrügereien her.

Nicht eigener Vortheil, fondern einzig die Rückficht, dafz
nicht abermals ähnlicher Jammer wie früher über fie ergehe, be-

---

[1]) Gefta, c. 28, 29, 32, 33. B. H, I. 1, 893. Wenn es Ep. III, 23 von
Markwald heifzt: qui ad oppreffionem veftram (et populorum) revertitur citra
Pharum, fo war der Papft noch nicht genau berichtet oder es wurde diefer
Plan nachträglich geändert. Markwald hat Sicilien nicht mehr verlaffen.

wege ihn folches zu fchreiben, gleichwie er mit allen bisherigen
Beforgniffen und Opfern bereit fei, in Vertheidigung und Wachfam-
keit auf das Reich nicht zu ermatten. In ähnlichem Sinne fchrieb
er an den Grafen von Ragufa, um auch ihn zum beharrlichen
Widerftand zu ermuthigen, damit Markwald nicht durch Lift er-
reiche, was ihm durch Gewalt unmöglich gewefen fei: kein Vertrag mit ihm fei giltig, da der Eid, keinen zu fchliefzen, allem
Andern vorausgehe.[1])

Die Einigung zwifchen Walter und Markwald führte unterdeffen dennoch zu keinem einheitlichen Vorgehen. Obfchon fie
fich durch die Heirath zwifchen dem Neffen des Einen und der
Nichte des Andern zu nähern fchienen, war ihre Freundfchaft
dennoch keine ehrliche; fie mifztrauten einander, trachteten fich
im Geheimen gegenfeitig zu hintergehen und zu überliften, und
da Jeder den Andern in der öffentlichen Meinung überragen
wollte, wurden öfters Dinge offenbar, die ihnen nur zu gemeinfa-
mem Schaden gereichen konnten. Und fo gieng bald ihre Freundfchaft in die erbittertfte Feindfchaft über. Markwald verkündigte
durch Boten und Briefe im Reiche, dafz des Kanzlers Beftreben
dahin ziele, feinen Bruder Gentilis zum alleinigen Machthaber im
Reiche zu erheben, Walter hingegen behauptete, Markwald fei
beftrebt, das königl. Diadem zu gewinnen.

Vielleicht war keine von beiden Ausfagen völlig ohne
Grund. Jeder diefer Männer befafz Ehrfucht und Kühnheit genug,
um folche Entwürfe zu hegen.

Da fammelte Markwald auf's Neue feine Mannen um fich
und begann graufamer zu toben, denn je. Eine offene Zwietracht
wurde vorläufig nur dadurch verhindert, dafz Walter nach Apulien übergieng, um dort Vorbereitungen zum Kampfe gegen Rom
und den Grafen Walter von Brienne zu treffen. Durch den
fchnödeften Kirchenraub fuchte er die erfchöpften Hilfsquellen
wieder zu füllen.

----

[1]) Gefta, c. 31, 32; Ep. III, 22, 23.

Den heftigften Groll hegte der Kanzler gegen den Grafen von Brienne.

Diefer tapfere franzöfifche Graf war in Begleitung vieler Ritter und eines zahlreichen Gefolges im Jahre 1200 vor dem Papfte mit dem Erfuchen erfchienen, ihm als dem Gemahl Albina's, der älteften Tochter des verftorbenen Königs Tankred, die Graffchaft Lecce und das Fürftenthum Tarent zuzuweifen, welche Kaifer Heinrich VI. nach der Befitzergreifung des Königreiches Tankreds Sohn Wilhelm als erbliche Lehen beftimmt hatte. Ein anfcheinend billiges und gemäfzigtes, dabei aber doch wieder bedenkliches Verlangen. Wie nahe lag es für den Grafen, dem Königskinde zu Palermo gegenüber als Rächer und Erbe feines Schwiegervaters aufzutreten und feine Anfprüche auf das ganze Reich auszudehnen! — Innocenz erkannte den Grafen an, doch mufzte diefer befchwören, bei Strafe des Kirchenbannes und des Verluftes feiner Anrechte nichts gegen die Ehre und den Vortheil des hl. Stuhles und des jungen Königs zu unternehmen, aber mit allen Kräften zur Unterdrückung Markwald's und Dipuld's und ihrer Anhänger zu wirken. Dem König mufzte es fchwer fallen, den für ihn in einer derartigen Verleihung beruhenden Nachtheil anzuerkennen. Walter v. Brienne würde übrigens nur dann Anfprüche gehabt haben, wenn Kaifer Heinrich dem jungen Wilhelm Lecce und Tarent als auch in weiblicher Linie erbliche Lehen überlaffen hätte, wovon nichts verlautet.

Der Papftes Befchlufz erweckte bei Vielen im Reiche Befremden und Mifztrauen; Niemand aber war davon mehr betroffen, als der Kanzler, der als ehemaliger Hauptgegner des Haufes Tankred von der Wiedererhebung diefes Gefchlechtes Verluft feines ganzen politifchen Einfluffes, ja felbft perfönliche Verfolgung befürchten mufzte.

Graf Walter kehrte nun vorläufig nach Frankreich zurück, warb dort eine Schaar tapferer Streiter und erfchien fodann etwa im Mai 1201 wieder in Italien, um die von ihm beanfpruchten Herrfchaften zu befetzen. Als Dipuld und fein Anhang von des Grafen Ankunft vernahmen, fchloffen fie ein Bündnifz gegen ihn

und befetzten mit einer zahlreichen Macht die leicht zu verthei-
digenden Eingänge.[1])

Der Papft, welcher in den fränkifchen Edelmann grofze
Zuverficht fetzte, unterftützte ihn mit 500 Unzen Goldes und er-
liefz an die Herren der Städte des Königreiches ein Schreiben,
um die Aufnahme Walters allenthalben zu ermöglichen.

Geftärkt an Streitmacht brachte diefer dem Dipuld und
dem Grafen von Fondi vor Neapel eine Niederlage bei, worauf
Theate, Venafro, der Graf von Celano, Aquino und der gröfzte
Theil von Molife ihn zu ihrem Herrn erkoren; in Apulien erga-
ben fich viele Städte von Melfi bis hinab nach Brindifi und
Otranto.

Es half nichts, dafz nun der Kanzler fich in lautem Tadel
gegen den Papft wegen Begünftigung des franzöfifchen Grafen
ergofz und im Bunde mit Dipuld eine Schlacht wagte: am 6. October 1202 erlitten vor Barletta Beide durch Walter von Brienne
eine völlige Niederlage.[2]) Kanzler Walter und feine Brüder entflohen nach Salpe, Dipuld auf fein Schlofz St. Agatha, zahlreiche
Anhänger der deutfchen Partei wurden gefangen.

So war das Feftland allenthalben von den Deutfchen ge-
fäubert. „Die Franken haben uns frank und frei gemacht", ju-
belte das Volk, welches fich felbft zu helfen nicht den Muth und
die Kraft hatte.

———

Während alfo jetzt des Kanzlers Anfehen gänzlich gefun-
ken war und derfelbe allmählig in völlige Verachtung fiel, ftieg
während diefer Zeit Markwald's Macht über die Infel bis zur faft
unbefchränkten Herrfchaft.

Durch Geld gewonnen oder durch das Unglück feines Bruders aufzer Faffung gebracht, räumte ihm jetzt der Graf Gentilis
auch den feften, am Meere gelegenen Thurm zu Palermo, welchen er noch im Befitze hatte, ein und übergab die Hauptftadt

---

[1]) Gefta, c. 25, 26, 30. Ep. II, 182, VI, 191.
[2]) Rich. d. S. Germ. ann. 1202.

wie den König völlig in feine Hand.[1]) Aufzer der ihm einft fo getreuen Stadt Meffina gehorchte beinahe ganz Sicilien den Befehlen des deutfchen Senefchalls. Den Einwohnern diefer Stadt glaubte es der Papft vor Allem verdanken zu follen, dafz Markwald's Vorhaben zuletzt doch noch vereitelt wurde. Befonders war es der Erzbifchof von Meffina, der dem verlaffenen und aller Hilfsmittel baren Friedrich Beiftand leiftete.

Diefe Stadt zu unterjochen war nun Markwald's erftes Unternehmen.[2])

Sein Machtgebot reichte noch über die Infel hinaus, bis in die Lande jenfeits der Meerenge; er konnte dort fogar ganze Gebiete, wie das Herzogthum Melfi und andere, vergeben. — Obgleich Innocenz die Zurückberufung der pifanifchen Bürger aus Sicilien von ihrem Podeftà und die Bürgfchaft einiger achtbarer Männer, dem „Empörer" weder mit Gut noch mit Leuten helfen zu wollen, forderte, „indem es gleichviel fei, ob man Böfes verübe oder nicht verhindere", hielten diefe doch auch fo entfchieden zu Markwald, dafz fie das päpftliche Schreiben nur ausweichend beantworteten.[3])

Ungeachtet diefer bedeutenden Machtftellung Markwald's trat er doch gerade jetzt mit Anerbietungen an den Papft heran, um eine Heirat Friedrichs mit der Schwefter des Königs Peter von Arragonien, die Innocenz betrieben, zu verhindern, und wohl auch, weil er befürchtete, der Graf von Brienne könnte im Falle des Abfterbens des jungen Königs in den Befitz der Krone Siciliens gelangen. Er unterhandelte daher auch mit dem Grafen Walter, bot ihm namhafte Summen, wenn er vom Reiche abzöge, und bat den Papft, folches zu geftatten.

Als wiederum alle Künfte der Unterhandlungen fehlfchlugen, befchlofz er geduldig einen gelegenern Zeitpunkt abzuwar-

---

[1]) Die Anficht des Papftes in Ep. II, 221, nach welcher Markwald, um feine Herrfchaft auf Sicilien zu fichern, die Abficht gehabt hätte, das königliche Kind auf gewaltfame Weife aus dem Wege zu räumen, mag wohl kaum mehr als eine fehr gewagte Annahme feines übereifrigen Gegners gewefen fein.

[2]) Gefta, c. 30, 32, 33, 34, 36, 37, Ep. I, 595, V, 60, 63, 69. VI. 52. Chron. Foff. nov. 879, 884. Rich. d. S. Germ. 1201—1204. Roch. Pirr, not. eccl. Meffan. I, p. 299, 300, 301.

[3]) Ep. V, 4, 74.

ten. Innocenz entfandte indeffen den Marfchall Jakob nach dem
Süden und fetzte diefen, gemeinfam mit dem franzöfifchen Grafen,
als Landpfleger über Apulien und Campanien ein. Hierauf befahl
er dem Grafen in Begleitfchaft des Marfchalls, des Abtes von
Monte Cafino und des Cardinalpriefters Peter nach Sicilien über-
zufetzen, um die inneren Angelegenheiten diefes Landes nach
vollkommen freiem Gutachten zu ordnen und den König aus
Markwald's Hand zu befreien. Ein päpftlicher Aufruf an ganz ·
Sicilien ermahnte dann, den Abgefandten Gehorfam und Hilfe
gegen den Senefchall zu leiften und ftellte den Gebannten Wie-
dervereinigung mit der Kirche und die befondere Gunft des
Papftes in Ausficht.[1]

Von der Ankunft des Grafen wurde auch der neuerwählte
Erzbifchof von Palermo als einer der thätigften Anhänger des
Königs verftändigt.[2] Den Erzbifchof von Amalfi forderte Inno-
cenz auf, die Herzoge feiner Stadt, welche von Markwald im
Namen des Königs Befitzungen und Briefe empfangen und auf
Andere gegen den Papft feindlich einzuwirken fuchten, aber fich
noch fcheuten, öffentlich als Anhänger Markwald's aufzutreten,
zu belehren und die wirklich Schuldigen zu excommuniciren.

Walter von Brienne zeigte unterdeffen nicht viel Neigung,
dem päpftlichen Auftrage ungefäumt nachzukommen. Es mis-
hagte ihm die Oberafficht des Marfchalls, fowie ihn auch die
Beforgnifz vor Dipuld, den es nach einem abermaligen unglück-
lichen Verfuche gegen S. Germano nach den Befitzungen des
Grafen gelüftete, vorläufig hinderte, nach Sicilien zu ziehen. Zu-
dem war er als nunmehriger Herr von Tarent und Lecce keineswegs gewillt, dem Papfte als Werkzeug zu dienen.

Er verzögerte durch abwehrende Entfchuldigungen den
Aufbruch nach der Infel, bis Innocenz anftatt der frühern Lieb-
kofungen Drohungen an ihn ergehen liefz. Vier Monate nach
dem erften Aufgebot, im September 1202 forderte ihn der Papft

---

[1] Gefta, c. 34, 35, 37, 38. Ep. V. 38, 39, 60, 84. VI, 72. Auf die
Mahnworte des Papftes hin hatte fich eben bei diefer Gelegenheit Erzbifchof
Berard von Meffina, bisher ein eifriger Anhänger der Deutfchen, wieder der
kirchlichen Partei zugewandt.

[2] Hurter, Innoc. III, I, 432.

durch Vorftellungen über die dringende Nothwendigkeit einer
entfchloffenen That von Neuem zur Ueberfahrt nach Sicilien auf.
Er ftellte es feinem Belieben anheim, den Marfchall mitzunehmen
oder zum Schutze Apuliens zurückzulaffen und geftattete ihm,
aus den Einkünften des Königs die Koften des Unternehmens zu
beftreiten. Der Graf möge feiner Befitzungen wegen beruhigt
fein, denn er, der Papft, werde den Grafen und Baronen befehlen, baldmöglichft einen Angriff auf Dipuld zu machen, feine Erfolge in Sicilien feien unzweifelhaft, da die ganze Bevölkerung
des Königreichs feiner harre. Markwald würde ihn nicht auf
freiem Felde, fondern in irgend einer Burg eingefchloffen erwarten. Der Papft ftellte ihm endlich noch bedeutende Vortheile
für die Zukunft in Ausficht, verfprach namhafte Summen zu
fenden und gab den Gefällsverwaltern die nöthigen Weifungen
zur Unterftützung Walters.[1]

Da brachte zu Ende September 1203 der Tod Markwalds
einen neuen Umfchwung der Dinge herbei.

Eben wollte der Senefchall, dem Rufe der Bürger von Meffina zufolge, nach diefer Stadt eilen, um fie in Befitz zu nehmen,
da ward er genöthigt, bei der Stadt Patti anzuhalten.[2] Von den
heftigften Steinfchmerzen, an welchen er fchon lange Zeit litt,
gefoltert, hörte man ihn oft laut auffchreien, bis er endlich glaubte,
nicht länger mehr ausdauern zu können und fich zum Steinfchnitte
entfchlofz. Der Verfuch mifzlang aber: unter den Händen des
Arztes „hauchte er feine elende Seele aus", wie Innocenz in feinem Eifer bemerkt.

Damit hatte fich erwahrt, fchreibt der für die päpftlichen
Intereffen ebenfo begeifterte Verfaffer der Gefta: Vidi impium
fuperexaltatum et elevatum ficut cedrus Libani, tranfivi et ecce
non erat (Pflm. 36, 35).[3]

---

[1] Ep. V. 37—40, 76, 84—87, 108. Rich. de S. Germ. ann. 1202.
Roch. Pirr. 96, 97, B. H. I, 1, 92.

[2] B. H. I, 2, 893: Et cum veniffet ad civitatem Pactenfem ut Meffa-
nam reciperet ad quam a civibus vocabatur, in dicta Pactenfi civitate mor-
tuus eft.

[3] Gefta, c. 36. Rich. d. S. Germ. fagt, Markwald fei an der Dyfen-
terie geftorben: difenteria mirabiliter expiravit. Bonincontri läfzt ihn fogar
an einer Bruftwunde fterben.

Dem Papſte konnte keine Botſchaft erfreulicher ſein. „Ge-
prieſen ſei Gott, der Vater der Barmherzigkeit und alles Troſtes,
ſchreibt er an den Biſchof von Monreale und Palermo und in
ähnlicher Art an den Erzbiſchof von Cefalu und ſeine Verwandten auf Sicilien, Gott der nach trüben Tagen wieder heitere
geſchaffen und nach dem Weinen und Seufzen wieder Freude
uns bereitet; der die Zuchtruthe über die Sünder geſchwungen
und die gerechte Sache vom unheiligen Volke abſonderte. Hat
er Euch ja von dem ebenſo ſchlimmen als betrügeriſchen Mann
befreit, der ſich nicht den Herrn zum Beſchirmer erwählt, ſondern in ſeinem Uebermuthe denſelben überragen wollte, damit
Ihr und Unſere andern Getreuen geprüft würdet, wie das Gold
im Feuer.... Ihr ſeid gleich geworden dem Senfkörnlein, das, je
tiefer es in die Erde getreten wird, mit deſto gröſzerer Kraft zu
keimen beginnt. Es gereicht Euch, die ihr vor Baal nie das Knie
gebeugt, daher nur zu um ſo gröſzerem Lobe und Ruhme, vor
dem unſeligen Manne ſo erbärmlich mifzhandelt worden zu ſein.
Nachdem nun Markwald, der bei Uns die Erfüllung Eurer Wünſche
verhinderte, im gerechten Gerichte untergegangen iſt, ... und
Ihr nun Zeit gewonnen habt, ſo verabſäumt nicht das Gute, das
ſich vollbringen läſzt; Ihr ſeid verſichert Unſerer Huld und Mitwirkung, die Euch weder im Glücke noch im Unglücke fehlen
wird und zumal jetzt, nach ſo vielen augenſcheinlichen Beweiſen
der Reinheit Eurer Abſichten noch nachdrucksvoller ſich zeigen
wird." [1])

Der Tod Markwald's, des Bannerträgers der deutſchen
Sache in Italien, brachte aber dem Papſte nicht jenen Vortheil,
den er ſich gehofft, denn der Seneſchall war noch keineswegs
die letzte Stütze der Deutſchen auf der Inſel Sicilien geweſen.

Wilhelm Capparone eilte nun alsbald nach Palermo, be-
mächtigte ſich des königl. Schloſſes und des jungen Königs und
legte ſich den Namen eines Vormunds des Königs bei. Dies ge-

---

[1]) Ep. V, 38, 39, 51, 84—87, 89, Geſta c. 34, 35.

lang ihm jedoch nicht ohne Widerfpruch. Ein Theil von Markwald's Anhängern fügte fich ihm nicht. Die herrfchende Verwirrung benutzte Kanzler Walter, um nach Sicilien zurückzukehren
und feinen ehemaligen Einflufz am Hofe zu gewinnen. Er fuchte
die Ausföhnung des Papftes nach und gewann fie gegen das Ge-
lübte des unbedingten Gehorfams jetzt um fo eher, weil, wie es
fcheint, der päpftliche Legat, Cardinalabt Rofrid von Monte
Cafino, auf Sicilien wenig ausrichten konnte und er des Kanzlers
Erfahrungen und Verbindungen zur Bildung einer ftarken päpftlichen Partei fehr wohl benutzen konnte.

Im Frühjahre 1203 erfchien Bifchof Walter wieder in Palermo und fchlofz fich hier fogleich den Gegnern Capparone's
an. Aber fo erfolglos war fein Auftreten, dafz er felbft die Unterftützung eines päpftlichen Gefandten erbitten mufzte. Eine Ver-
föhnung zwifchen dem neuen Legaten und Capparone kam nicht
zu Stande und die Deutfchen herrfchten auf Sicilien und der füd-
lichen Halbinfel geficherter als zuvor.

Graf Walter von Brienne wurde von Dipuld befiegt und
gefangen und ftarb bald an den erlittenen Wunden.

Als fpäter Dipuld fogar durch den Papft vom Banne frei-
gefprochen und zum Vormünder des Königs eingefetzt wurde,
gerieth er wieder in Streit mit dem Kanzler, von dem er gefangen
gefetzt wurde, bis es ihm gelang, nach Salerno zu entkommen.

Wilhelm Capparone behauptete fich wohl noch auf Sicilien; aber nach mehreren Kämpfen waren im Jahre 1208 die
nördlichen Gränzlandfchaften, das Exarchat, Ancona und die
Romagna gänzlich von den Deutfchen befreit. Im Jahr 1210
verleiht dann Kaifer Otto feinem Vetter Azzo wegen feiner trefflichen und getreuen Dienfte für das Reich die Mark Ancona,
«wie fie zu den Zeiten Kaifer Heinrich's Markgraf Markwald be-
feffen hatte» mit allen dem Reiche zuftehenden Einkünften und
Gerechtfamen.[1]

---

[1] Abel, König Otto, 72. Töche, K. Heinrich VI, 476. Reg. Böhmers:
Chiufi, Jan. 20. 1210.

Wels im Juli 1875.

1185. Sept. Lüttich. An K. Heinrichs Hofhaltung erscheint Markwald mit Heinrich v. Kalendin als Dapifer regis.

Stumpf, Reg. n. 4576. Ficker, Rhbmte. 26.

Oct. 25, Aachen. Unterzeichnet in einer Urkunde K. Heinrichs: Marquardus dapifer domini regis.

Ficker, Rhb. 26. Stumpf 4577.

1186. Juni 24, ?. Zeuge nach der Schwertleite als Truchsefz neben Heinrich von Kalendin und Gottfried v. Viterbo.

Töche, Heinrich VI. 28.

Aug. 7, Eugubio. K. H. Markwald dapifer. Bartholi Storia di Perugia 1, 253. Stumpf 4583.

Sept. 8, San Miniato. Zeuge bei K. Heinrich, der die Besitzungen des Domstiftes zu Lucca bestätigt. Stpf. 4586.

Sept. 22, Pisa. K. H. Marquard fenesc. als Zeuge K. Heinrichs für S. Marino und Leone zu Pavia. Stpf. 4587.

Oct. 28, ?. D. Marcwardus fereniffimi regis H. Romanorum dapifer fetzt den Bifchof Milo in den Befitz der Burg Ripalta. Mon. Patr. ch. 1, 143.

1187. April, Borgo S. Donnino. Mit dem Marfchall Heinrich v. Kalendin, Conrad v. Uerslingen u. A. beim Könige.

Töche, K. H. 83.

April, Voghera. In einer Urkunde des Königs für S. Maria de Tilieto. Stpf. 4608.

Juli 12, Hagenau. Bei K. Friedrich I. als Zeuge für das Klofter Neuburg. Stpf. 4480.

Juli ?, ?. Mit feinem Bruder Conrad urkundlich bei K. Friedrich.   Mone, Zeitfchr. 11, 14.

Sept. 13, Pavia. Zeugt für S. Marino und Leone, fowie für
Rainer und Berengari bei K. Heinrich. Stpf. 4621, 22.

Sept. 17, Pavia. Marq. fenescalc. in einer Urkunde, nach
welcher K. Heinrich die Stadt Alba in feinen Schutz
nimmt.   Stpf. 4623.

1188. Mai 16, Seligenftadt. K. H. Conrad und Marcward fene-
chaux (Schoonbroodt inventaire p. 7) als Zeugen für Balduin von Hennegau.   Stpf. 4628.

1192. Febr. 29, Hagenau. Zeugt bei K. Heinrich für den Abt von
Sinsheim.   Stpf. 4738.

März 5, Hagenau. Als Zeuge des Kaifers für die Stadt Cremona.   Stpf. 4740.

Mai 30, Geilenhufen. In einer Urkunde Heinrichs als Zeuge
für die Pifaner.   Stpf. 4745.

Juni 1, Geilenhufen. Zeugt beim Könige für den Erzbifchof
Wichmann von Magdeburg.   Stpf. 4746.

Juni 7, Würzburg. Markwald's Zeugenfchaft in einer k. Urkunde für das Klofter Salem.   Stpf. 4750.

Juni 9, Würzburg. Als Mitbetheiligter in Vertragsurkunden
mit Cremona und Como (?).   Stpf. 4751, 52.

Sept. 24, ?. Heinrich von Anweiler bei K. Heinrich.
                                        Töche, 507, 3.

Nov. 4, Mühlhaufen. In einer kaiferl. Urkunde für Bernhard
von Paderborn als Zeuge.   Stpf. 4777.

1193. März 13, Mosbach. Zeugt bei K. Heinrich für das Klofter
Salem.   Stpf. 4798.

März 23, Speier. Zeugt bei K. Heinrich für die Stadt Dort-
mund.   Stpf. 4799.

März 28, Speier. Zeugt bei K. Heinrich für die Stadt Paffau.
                                        Stpf. 4801.

Frühjahr, ?. Aus der Dienftbarkeit entlaffen; Urkunde von
Paffau.   Hanfitz Germ. S. I, 339; Chron. Urfp.

April 28, Boppart. Bei K. Heinrich als Zeuge für das Klofter
Springiersbach. Stpf. 4810.

Mai 1, Frankfurt. K. Heinrichs Zeuge für Otto von Burgund
und Otto von Dijon. Stpf. 4811.

Mai 13, Frankfurt. K. Heinrichs Zeuge für Wolfram Schult-
heifz. Stpf. 4836.

Nov. 2, Sinzig. Zeuge einer Beftätigungsurkunde K. Heinrichs für die Abtei S. Bavo. Stpf. 4836.

Nov. 25, Kaiferswerth. Zeuge für St. Peter und Swibert zu
S. Bavo. Stpf. 4837.

Dec. 4, Geilenhufen. Bei Heinrich VI. in einer Urkunde für
Bonifaz v. Montferrat. Stpf. 4839.

1194. April 15, Genua. Davanzati diff. 94.

Mai 9, Trifels. Marquardus de Wilre in einer kaif. Urkunde
unterfchrieben, ift ein anderer, weil eine derfelben eine
Schenkung Markwald's felbft beftätigt.

Mai 9, Trifels. Conrad v. Anweiler bei K. Heinr.
Töche 507, 3.

Mai 9, Trifels. Der Kaifer beftätigt den Verkauf der Orte
Mettenheim und Rechholz, Afterlehen, welche Markwald
von Eberhard von Rede erhalten und für 2000 Mark dem
Klofter Hemmenrode überlaffen hat.
Dümgé, reg. Badens. S. 152 Nr. 108. Stpf. 4860.

Juni 3, Piacenza. Markwald zeugt für das Klofter Leno.
Stpf. 4865.

Juni 4, Piacenza. Markwald zeugt für die Stadt Genua.
Stpf. 4866.

Juni 20, Genua. Markwald zeugt für Rubald v. Platealonga.
Stpf. 4868.

Juli 1, Pifa. Markwald zeugt für das Klofter S. Benedetto,
welches K. Heinrich in Schutz nimmt. Stpf. 4869.

Aug. 1, Pifa. Markwald zeugt in einer kaiferlichen Urkunde,
worin Heinrich dem Grafen Oderigo deffen Schlofz Caftel-
vecchio beftätigt. Stpf. Reichofskanzler 271.

Nov. 25, Palermo. Zeugt bei K. Heinrich für den Grafen
Cacciaconti. Stpf. Reg. 4888.

1195. Jan. 11, Palermo. In K. Heinrichs Urkunden für die Erz-
stifte Palermo und Monreale. Stpf. 4895, 96.

Febr. 2, Meffina. Zeugt bei K. Heinrich für S. Salvator.
Stpf. 4903.

Febr. 5, Meffina. Marcwaldus finiscalcus u. Marfladus maior
finiscalcus als Zeugen Heinrich's. Ficker Rchshbte. 27.

Febr. 25, Catanzaro. Zeuge Heinrichs für S. Stefano de Ne-
more u. S. Maria de Roccamatore. Stpf. 4905, 6.

März 30, Bari. Imp. aulae dapifer, marchio Anconitanus et
dux Ravennae; zweimal Zeuge für das Klofter Monte-
vergine. Stpf. 4912, 13.

April 10, Trani. Marchio Ancone et imperialis aule dapifer.
In einer Urkunde K. Heinrichs für einen gew. Arzt Berard.
Stpf. 4920. Böhmer Acta 199, 200.
Ficker, Frfchgn. II, S. 317, 12.

April 13, Barletta. Giebt Zeugenfchaft bei K. Heinrich für
S. Lorenzo di Averfa. Stpf. 4922.

April 15, Barletta. Nur Senescalcus in einer k. Urkunde für
den Erzbifchof Samarus von Trani.
Stpf. 4923. Davanzati diff. 94.

April 23, ?. Marchio Anc. etc. Chron. Ursperg. 232.

April 27, Ortona. K. Heinrichs Zeuge für den Pfalzgrafen
Hildebrand von Tuscien. Stpf. 4925.

Mai ?, ?. K. Heinrichs Zeuge für den Bifchof Hugo von
Rimini. Stpf. 4933.

Mai ?, Bologna oder Ravenna? Bezeugt die in Schutznahme
der Abtei zu Pompofa in einer Urkunde K. Heinrichs.
Stpf. Rchshfk. 277 u. Reg. 4936.

Mai 10, ?, fowie
Mai 19, ?, und
Mai 20, Faenza. Dux Ravennae et Romaniolae; giebt Zeug-
fchaft bei K. Heinrich für das Klofter S. Hippolit u. Lorenzo.
Stpf. 4934. Ficker, Frfchgn. II, 221, 11.

Juni 15, Rimini. Marcovaldus imperialis aule dapifer et Anconitanus marchio beftätigt die Rechte diefer Stadt und
fchliefzt einen Vertrag mit Ravenna.
Fantuzzi 4, 294. Ficker, Frfchgn. IV a.

Juli 3, Perugia. Zeuge für diefe Stadt bei Herzog Philipp.
Ficker, Frfchgn. IV. 188.

Oct. 20, Mainz. Bei K. Heinrich in einer Urkunde für Theodor von Holland. Stpf. 4966. Ann. Colon. 319.

Oct. 27, Geilenhufen. Zeuge des Kaifers für das Klofter Pforta. Stpf. 4969.

? ? In einer Urkunde des Priors Marcus de eremo S. Crucis fontis Avellane. Mittarelli, 9. 38.

Nov. 28, Kaiferslautern. In einer Urkunde für Klofter Otterberg und für Thomas von Annone zugleich mit Trushart von Keftenburg: Marq. dapifer march. Ancone dux Ravenne et com. Aprucü. Frey und Remling.
Otterberg 4. Stpf. 4976, 7.

Dec. 5, Worms. Marq. fenescalc. et marchio Anconitanus als Zeuge für das Stift Heiligenkreuz. Stpf. 4978.

1196. Jan. 8, Hagenau. Beim Kaifer als Zeuge für Klofter Herrenalb. Stpf. 4983.

März 5, Frankfurt. Beim Kaifer als Zeuge für Johann von Cambrai. Stpf. 4985.

März 6, Geilenhufen. Beim Kaifer als Zeuge für Balduin v. Utrecht. Stpf. 4686.

März 28, Würzburg. Beim Kaifer als Zeuge für das Bisthum Verden. Stpf. 4987.

April 26, Mainz. Marq. dapifer als Zeuge für den Bifchof von Cambrai. Stpf. 4990.

Juli 28, Turin. Beftätigt eine k. Urkunde f. d. Erzbifchof Einhard von Vienne. Stpf. 5021. Ann. Col. 319.

Aug. 9, Mailand. Beftätigt eine k. Urkunde für Bifchof Otto von Novarra. Stpf. 5024.

Sept. 8, Piacenza. Beftätigt eine k. Urkunde f. d. Klofter S. Salvator. Stpf. 5030.

Sept. 9, Piacenza. Beftätigt eine k. Urkunde f. Monteveglio.
Stpf. 5031.

Sept. 21, Fornovo. Beftätigt eine k. Urkunde für den Grafen v. Blandrate. Stpf. 5034.

Oct. 28, Montefiascone. Beftätigt eine k. Urkunde f. Città di Caftello. Stpf. 5046.

Nov. 1, Foligno. Beftätigt eine k. Urkunde für Glando de Lucca. Stpf. 4047.

Nov. 27, Paleftrina. Beftätigt eine k. Urkunde für Theobald von Chiufi. Stpf. 5051.

1197. Juni 6, Caftro S. Giovanni. K. Marq. Truchfefz, Mrgr. v. Anc., Hzg. v. Ravenna u. Romaniola als Zeuge für den Dogen Dandalo. Stpf. 5066.

Juli 9, Linaria. Bei Heinrich in einer Urkunde f. d. Erzbifchof Wichmann v. Magdeburg. Stpf. 5069.

Juli 15, Palermo. Bei Heinrich in einer Urkunde f. d. Stift St. Dié. Stpf. 5069.

Juli 18, Palermo. Bei Heinrich in einer Urkunde f. d. Hofpitaliter in Jerufalem. Stpf. 5070.

Juli 28, Linaria. Bei Heinrich in einer Urkunde f. Magdeburg und Brandenburg. Stpf. 5071.

Aug. 3, ?. Bei Heinrich in einer Urkunde für Heinrich von Kalendin. Stpf. 5075.

Sept. 12, Linaria. Bei Heinrich in einer Urkunde f. Albert von Sponheim. Stpf. 5077.

Sept. 27, Meffina. Bei Heinrich in einer Urkunde für die Bewohner von Tuscien und die Stadt Lucca. Stpf. 5080.

1198. ?, ?. Dux Ravennae, marchio Anconae et Molifii.
Compagnoni 78.

?. Cefena. Marcualdus d. Henrici imp. in Ital. legatus. Tolofani chron.
Mittarelli Acc. 199. Ficker Frfchgn. II, § 281.

Aug. 28, in Obfidione Ripe Tranfone. Marcualdus imperii finiscalcus, dux Ravenne, marchio Ancone et Molifii belehnt den Gualterius Garnerii marchionis filius mit S. Ginefio u. A. Compagnoni, La reggia Picena p. 78.
Ficker, Frfchgn. II, 250, 252, 381,

Hiſtoriſche Werke aus dem Verlage der
WAGNER'ſchen Univerſitäts-Buchhandlung in Innsbruck.

Aus Joh. Fr. Böhmer's Nachlaſz:

Die Regesten
des Kaiserreichs unter Kaiser Carl IV.
1346—1378.

(Böhmer's Regesta imperii VIII.)

Herausgegeben und ergänzt von

ALFONS HUEBER.

o. ö. Profeſſor an der k. k. Univerſität in Innsbruck.

Lieferung 1 bis 4. 1874 und 1875. Preis 11 fl. 25 kr. ö. W.

Lieferung 5 (Schluſz) erſcheint demnächſt.

Additamentum III. ad regesta imperii inde ab anno 1314 usque ad annum 1347. Drittes Ergänzungsheft zu den Regeſten Kaiſer Ludwigs des Baiern und ſeiner Zeit 1313—1347. (Von Dr. Julius Ficker.) 1865. fl. 2. 25 kr. ö. W.

Acta imperii selecta. Urkunden deutſcher Könige und Kaiſer, mit einem Anhange von Reichsſachen. (Von Dr. Julius Ficker.) 1870. fl. 15. ö. W.

Monumenta Blidenstatensia saec. IX, X et XI. Quellen zur Geſchichte des Kloſters Bleidenſtat, mit Ergänzungen nach Druckwerken und Mittheilungen aus dem Codex Blidenſtatenſis im k. Reichsarchive zu München, herausgegeben von Dr. C. Will. 1874. fl. 2. ö. W.

Unter der Preſſe befindet ſich:

Regesten der Erzbischöfe von Mainz. Herausgegeben von Dr. C. Will, fürſtl. Thurn- und Taxis'ſcher Archivar in Regensburg.

Von der Neubearbeitung der „Regeſta imperii" ſind zunächſt zur Veröffentlichung in Ausſicht genommen:

Die Regesten der Karolinger

bearbeitet von Dr. E. Mühlbacher.

Werke von

Dr. Julius Ficker,

k. k. Hofrath und Profeffor an der Univerfität zu Innsbruck.

Forschungen

zur Reichs- und Rechtsgeschichte Italiens.

4. Bände. 1868—1874.

Preis fl. 23. 50. ö. W.

Der IV. Band auch einzeln unter dem Titel:

Urkunden zur Reichs- und Rechtsgefchichte Italiens.

Preis fl. 8. ö. W.

Ueber die Entstehungszeit des Sachsenspiegels und die Ableitung des Schwabenfpiegels aus dem Deutfchenfpiegel. Ein Beitrag zur Gefchichte der deutfchen Rechtsquellen. 1859. fl. 1. 8. ö. W.

Vom Reichsfürstenstand. Forfchungen zur Gefchichte der Reichsverfaffung zunächft im 12. und 13. Jahrhundert. I. Band 1861. fl. 4. ö. W.

Vom Heerschilde. Ein Beitrag zur deutfchen Reichs- und Rechtsgefchichte. 1862. fl. 2. 20. ö. W.

Das deutsche Kaiserreich in feinen univerfalen und nationalen Beziehungen. 2. Aufl. 1862. fl. 1. 20. ö. W.

Deutsches Königthum und Kaiserthum. Zur Entgegnung auf die Abhandlung Heinrichs von Sybel: Die deutfche Nation und das Kaiferreich. 1862. fl. —. 70. ö. W.

Urkunden zur Geschichte des Römerzuges Ludwig des Baiern und der italienifchen Verhältniffe feiner Zeit. 1865. fl. 3. ö. W.

Spiegel deutscher Leute. Textabdruck der Innsbrucker Handfchrift. 1859. fl. 2. 20. ö. W.

Godefridi Viterbiensis Carmen de gestis Friderici primi imperatoris in Italia. Ad fidem Codicis bibliothecae Monacenfis edidit Dr. Jul. Ficker. 1853. fl. —. 64. ö. W.

In Vorbereitung:

Beiträge zur Urkundenlehre.

Hiftorifche Werke aus dem Verlage der
WAGNER'fchen Univerfitäts-Buchhandlung in Innsbruck.

Werke von

Dr, Carl Friedr. Stumpf-Brentano,

k. k. Profeffor an der Univerfität zu Innsbruck.

Acta Moguntina seculi XII.

Urkunden zur Geschichte des Bisthums Mainz im 12. Jahrhundert.

1863. fl. 3. 40. kr. ö. W.

Die Reichskanzler

vornehmlich des 10., 11. und 12. Jahrhunderts.

Nebft einem Beitrage zu den Regeften und zur Kritik der
Kaiferurkunden diefer Zeit.

Erfchienen ift hiervon:

Preis fl. 11. 76. ö. W.

Die Wirzburger Immunität-Urkunden

des X. und XI. Jahrhunderts.

Ein Beitrag zur Diplomatik.

Mit 3 Facfimiletafeln. 1874. Preis 2 fl. ö. W.

Werke von Dr. Alfons Huber,

o. ö. Profeffor an der k. k. Univerfität zu Innsbruck.

Die Waldstädte Uri, Schwyz, Unterwalden bis zur
feften Begründung ihrer Eidgenoffenfchaft. Mit einem Anhange
über die gefchichtliche Bedeutung des Wilhelm Tell. 1861.
fl. 1. ö. W.

Geschichte der Vereinigung Tirols mit Oefterreich und
der vorbereitenden Ereigniffe. 1864. fl. 2. 60. ö. W.

Geschichte des Herzogs Rudolf IV. von Oefterreich.
1865. fl. 3. ö. W.

Hiftorifche Werke aus dem Verlage der
WAGNER'fchen Univerfitäts-Buchhandlung in Innsbruck.

Busson, Arnold, Zur Gefchichte des Landfriedensbundes deutfcher Städte 1254. 1874. fl. —. 90. ö. W.

Busson, Arnold, Die florentinifche Gefchichte der Malefpini und deren Benützung durch Dante. 1869. fl. —. 80. ö. W.

Egger, Dr. Jofef, Gefchichte Tirols von den älteften Zeiten bis in die Neuzeit. I. und II. Bd. 1870—1876. fl. 6. ö. W. (III. Band, Schlufz, unter der Preffe.)

Jäger, Dr. A., Der Streit des Cardinals Nikolaus von Cufa mit dem Herzoge Sigmund von Oefterreich als Grafen von Tirol. Ein Bruchftück aus den Kämpfen der weltlichen und kirchlichen Gewalt nach dem Concilium von Bafel. 1862. 2 Bde. fl. 3. ö. W.

Inama-Sternegg, Dr. Carl Th., Unterfuchungen über das Hoffyftem im Mittelalter mit befonderer Beziehung auf deutfches Alpenland. 1872. fl. 1. 72. ö. W.

Jung, Dr. Julius, Zur Gefchichte der Gegenreformation in Tirol. 1874. fl. —. 40. ö. W.

Krones, Dr. F. X., Umriffe des Gefchichtslebens der deutfchöfterreichifchen Ländergruppe in feinen ftaatlichen Grundlagen vom 10. bis 16. Jahrhundert. 1863. fl. 4. ö. W.

Maximilians I. vertraulicher Briefwechfel mit Sigmund Prüfchenk Freiherrn zu Stettenberg. Nebft einer Anzahl zeitgenöffifcher das Leben am Hofe beleuchtender Briefe. Herausgegeben von Victor von Kraus. 1875. fl, 1. 60. ö. W.

Mühlbacher, Dr. E., Die ftreitige Papftwahl des Jahres 1130. 1876. fl. 2. 80. kr. ö. W.

Schönherr Dr. David, Der Einfall des Churfürften Moriz von Sachfen in Tirol 1552. 1868. fl. 1. ö. W.

Unter der Preffe:

Oefele, Edm. Freih. von, Gefchichte der Grafen von Andechs.

Val de Lièvre, Dr. Ant., Ueber Launegild und Wadia. Beitrag zur longobardifchen Rechtsgefchichte.